近代人文社會科學譯著（第二輯）

熊月之 主編

教育學

王國維 述

女子教育學教科書

［日］值山榮次 著 陳憲鎔 譯

教育新論

［日］天眼鈴木力 著 張肇熊 譯

教育新史

［日］中野禮四郎 著 張肇熊 譯

上海科學技術文獻出版社

图书在版编目（CIP）数据

教育学　女子教育学教科书　教育新论　教育新史 / 熊月之主编．—上海：上海科学技术文献出版社，2023
（近代人文社会科学译著．第二辑）
ISBN 978-7-5439-8770-8

Ⅰ．①教…　Ⅱ．①熊…　Ⅲ．①教育史—中国　Ⅳ．① G529

中国国家版本馆 CIP 数据核字 (2023) 第 034296 号

策划编辑：张　树
责任编辑：王　珺
封面设计：徐　利

教育学　女子教育学教科书　教育新论　教育新史
JIAOYUXUE　NÜZI JIAOYUXUE JIAOKESHU　JIAOYU XINLUN　JIAOYU XINSHI
熊月之　主编
出版发行：上海科学技术文献出版社
地　　址：上海市长乐路 746 号
邮政编码：200040
经　　销：全国新华书店
印　　刷：商务印书馆上海印刷有限公司
开　　本：889mm×1194mm　1/32
印　　张：8.75
版　　次：2023 年 3 月第 1 版　2023 年 3 月第 1 次印刷
书　　号：ISBN 978-7-5439-8770-8
定　　价：88.00 元
http://www.sstlp.com

近代人文社會科學譯著（1807—1919）序言

熊月之

一

人文社會科學，包含人文學科與社會科學兩類。〔一〕

〔一〕人文學科之所以稱『學科』而不稱『科學』，因爲通常所説的科學（science），主要指以物爲研究對象、可以通過實驗進行驗证的自然科學，而人文學科則以人爲研究對象，具有個别、私人、主觀性質，無法驗证。自然科學與人文學科處於比較的兩端，差异較大，而社會科學與自然科學之間，差异較小，且在取向、知識生産模式、研究方法等方面，較爲接近。人文學科與自然科學的區别，也表現在分析和解釋方向：自然科學從多樣性、特殊性、復雜性、偶然性走向統一性、一致性、簡單性和必然性；相反，人文學科則突出獨特性、意外性、復雜性和創造性。它們屬於不同的思維能力，使用不同的概念、不同的語言形式進行表達。自然科學是理性的産物，使用事實、規律、原因等概念，並通過客觀語言溝通信息；人文學科是想象的産物，使用現象與實在、命運與自由意志等概念。所以稱『學科』而不稱『科學』，更爲突出人文學科的特質。參見《簡明不列顛百科全書》（第6卷），北京：中國大百科全書出版社，1986年，第761頁；李醒民《知識的三大部類：自然科學、社會科學和人文學科》，《學術界》2012年第8期。

學科分類在不同歷史時期、不同語境下並不相同，標準、方法也見仁見智。近代以來，學術界逐漸傾向於將人類知識分爲三大部類，即自然科學、社會科學與人文學科。自然科學以自然即客觀的物質世界作爲研究對象，包括數學、物理學、化學、天文學、地學（地理學、地質學、氣象學）與生物學等；社會科學以人類社會作爲研究對象，涵蓋經濟學、政治學、法學、社會學、行政學、教育學、倫理學等；人文學科以人爲研究對象，探尋人的生存及其意義、人的價值及其實現，涉及語言學、文學、歷史學、哲學、藝術等。

本書選輯起止時間爲1807—1919年。

衆所周知，中國近代史的起止時間，亦即中國近代史的研究對象，是從1840—1949年，因爲這百餘年的中國，是相對完整的近代形態，是一個完整的歷史時期。但是，近代西方人文社會科學在中國翻譯、傳播的歷史，與中國近代歷史的進程並不完全同步。

首先，起步更早。1807年，基督教新教傳教士、英國人馬禮遜來到澳門，然後進入廣州，拉開新一輪西學傳播序幕。稍後英國傳教士米憐、德國傳教士郭實臘等，絡繹東來。他們在馬六甲、新加坡、巴達維亞等地，開學校，辦印刷所，在當地華僑中傳播西學。他們所出版的涉及人文社會科學知識的書籍雖然不很多，但這些西學知識，與鴉片戰爭以後傳入中國的西學知識屬於統一整體，也是後者之先聲。

其次，心態轉變也早。近代中國讀書人、思想界對於以歐美爲中心的西方人文社會科學，有個從仰視到平視的轉變過程，其轉折點便是第一次世界大戰。1914—1918年，發生在帝國主義國家之間的世界大戰，有三十多個國家、15億人口卷入，傷亡人員三千萬，經濟損失難計其數。這一殘酷現實，讓中國讀書人、思想界明白，西方科學並不萬能，人類社會的演變，並不總是沿着進步的方向直綫上昇。巴黎和會上西方列强對於中國主權的無視與陵鑠，更讓中國人明白，世界上並不存在什麽平等對待弱者的『公理』。這種世界性的倒退與不公，促使東西方有識之士更加深刻地思考人類的未來，更加理性地思考東西方文化的價值。此後，西方人文社會科學在中國讀書人、思想界那裏，盡管仍然是最爲重要的文化資源之一，但已從至高無上的峰頂跌落下來，成爲與東方文化等量齊觀的一端。

這是本書將下限斷爲1919年的主要原因。

二

在介紹近代西方人文社會科學在中國傳播之前，有必要先回溯一下明末清初那段時間這方面的情况。

明末清初，利瑪竇、艾儒略、南懷仁等耶穌會傳教士編寫、或與徐光啓、李之藻、楊廷筠等人合譯的一批西學書籍，其中有十多部較多涉及人文社會科學內容，如《西國記法》(1595)、《職方外紀》(1623)、《西學凡》(1623)、《靈言蠡勺》(1624)、《西儒耳目資》(1625)、《治平西學》(約1629)、《修身西學》(1630)、《名理探》(1631)、《童幼教育》(1632)、《西方問答》(1637)、《齊家西學》(崇禎年間)、《坤輿全圖》與《坤輿圖説》(1674)、《窮理學》(1683)等，這些書對歐洲的哲學、政治學、經濟學、教育學、文學、歷史學、地理學等方面的知識有所介紹。

比如，傅汎際和李之藻合譯《名理探》，介紹了『愛知學』即哲學的含義。南懷仁編《窮理學》，介紹邏輯學的功用，稱窮理學『爲百學之宗』，爲『訂非之磨勘，試真之礪石，萬藝之司衡，靈界之日光，明悟之眼目，義理之啓鑰，爲諸學之首需者也。』[一]高一志著《治平西學》，爲最早漢譯西方政治學著作，分別從王公、群臣、兆民的行爲準則，説明何者爲宜、何者應戒，還介紹了世界上的三種政體形式：『一曰一人且王之政；二曰數人且賢之政；三曰衆人且民之政是也。』[二]艾儒略譯《職方外紀》，對歐洲教育制度包括學制、課程設置、考試方式均有所介紹。高一志著《修身西學》，述及西方倫理學知識，包括修身目的、修身憑藉與修身方法，主旨在於指明人類通過修德以確保自身行動的善，從而獲得美好，達到幸福境界。天啓年間出版的《況義》，是《伊索寓言》在中國傳播的第一個譯本。

明末清初西方人文社會科學在中國的傳播，傳播主體是利瑪竇等傳教士，中國學者徐光啓等參與譯述潤色，所傳内容從總體上説，比較零碎，不成系統，所譯編成書籍印數較少，傳播範圍較小，很多内容只是在少量學者中流傳。但是，他們所傳許多知識，開啓了近代西學東漸的先河，如地圓説、五大洲説、腦主記憶説；所創譯的諸多名詞，也被近代沿用，如亞細亞、歐羅巴、大西洋、地中海、自鳴鐘、天主等。他們以『理學』翻譯哲學，一度被近代學者沿用。

〔一〕南懷仁：《進呈窮理學書奏》，徐宗澤：《明清間耶穌會士譯著提要》第192頁，中華書局，1989年。

〔二〕高一志：《治平西學》，載黄興濤、王國榮編《明清之際西學文本》第2册，中華書局，2013年，第614頁。

三

近代西方人文社會科學在中國翻譯、傳播的歷史，可以分爲五個階段，即1807—1842年、1843—1860年、1861—1900年、1901—1911年、1912—1919年。

第一階段，從1807年至1842年。

17世紀末18世紀初，因宗教禮儀問題，在清朝政府與羅馬教廷之間、中國耶穌會與羅馬教廷之間、耶穌會與其他天主教會之間，出現嚴重分歧。羅馬教廷要求在華天主教徒不得祭祖、不得拜孔。康熙皇帝表示，中國祭祖敬孔，不過是一種崇敬的禮節，並無宗教性質，如果來華西人，不能像利瑪竇那樣對祭祖敬孔持尊重態度，斷不準在中國居留、傳教。雙方交涉多次，不得要領。1717年（康熙五十六年），康熙皇帝下令禁止天主教在華活動。此後，天主教在華再次步入低谷。雍正、干隆等朝，又相繼頒佈禁止天主教的命令。1773年（干隆三十八年），因宗教内部紛争，羅馬教廷下令解散耶穌會，兩年後命令傳到中國，耶穌會正式解散。至此，自晚明開始在中國活動二百年的耶穌會，終於告一段落。西學傳播的細流亦因此截斷。

1807年，英國基督新教傳教士馬禮遜，受倫敦會委派，從英國經美國輾轉來到澳門，進入廣州，以後在廣州、澳門及南洋各地，進行傳教與西學傳播活動。稍後，英國傳教士米憐、楊威廉，美國傳教士裨爲仁、雅裨理、裨治文，德國傳教士郭實臘等，絡繹東來。他們在馬六甲、新加坡、巴達維亞等地，開學校，辦印刷所，出版《聖經》等宗教讀物，也在當地華僑中傳播西學。所出版的涉及人文社會科學方面的書籍有十來種，包括《生意公平聚益法》(1818)、《西游地球聞見略傳》(1819)、《地理便童略傳》(1819)、《東西史記和合》(1829)、《大英國統志》(1834)、《美理哥合省國志略》(1838)、《古今萬國綱鑒》、(1838)、《萬國地理全集》(1838)、《制國之用大略》(1839)、《貿易通誌》(1840)，所出版刊物《察世俗每月統記傳》(1815—1821)《特選撮要每月紀傳》(1823—1826)《東西洋考每月統記傳》(1833—1838)，都含有豐富的西方經濟學、歷史學、地理學知識。

比如，《生意公平聚益法》，介紹人們相互之間進行貿易應該遵循的基本法則，《地理便童略傳》對世界主要地區與國家均有介紹，對英國、美國政治制度、司法制度介紹較爲具體。《古今萬國綱鑒》，凡244頁，分20册，是鴉片戰爭以前介紹世界歷史知識最爲詳盡的一部書。《貿易通誌》較爲翔實地介紹了西方的商業制度，魏源在《海國圖志》中，對許多國家的貿易、商業的介紹資料採自此書。《大英國統志》《美理哥合省國志略》分別翔實地介紹了英國、美國的國情。

再如，《察世俗每月統記傳》所載《論有羅巴列國》《論亞西亞列國》《論亞非利加列國》《論亞默利加列國》《法蘭西國作變復平略傳》等文，介紹歐洲、亞洲、美洲等地地理、歷史知識，介紹了法國的歷史。還在1821年，便介紹了剛剛立國45年的美國，稱其面積寬大，盛産各物，港口衆多，人口增加很快，且有智有力，預料其日後必爲美洲最大國家。〔一〕《東西洋考每月統記傳》所載《通商》《貿易》《公班衙》等文，

〔一〕《論亞默利加列國》，《察世俗每月統記傳》卷七，道光元年。

介紹西方通商理論，認爲通商貿易對商人、人民、國家都有好處，强調通商貿易要篤實誠信，不可食言行騙。

鴉片戰争以前，中國還没有被英國打敗過，中西關係還比較平等，傳教士在介紹西方情况時，心態還不是那麽傲慢，所以，行文常用對話體，以中國人習慣的説書形式出現。爲了迎合中文讀者心理，作者論述問題，每每先引一段中國古代聖賢的語録或故事，然後進行中西比較，説明東方西方，心同理同。這種表達方式，類似於明末清初耶穌會士，而不同於鴉片戰争以後傳教士那種居高臨下姿態。

第二階段，從1843年至1860年，即五口通商時期。

在1840年至1842年的中英鴉片戰争中，清朝政府戰敗，被迫與英、美、法等國簽訂不平等的《南京條約》、《望厦條約》和《黄埔條約》，被迫割讓香港給英國，開放廣州、福州、厦門、寧波、上海作爲通商口岸，允許外國人在這些口岸傳播宗教、開設學堂、開辦醫院。於是，傳教士便將活動基地從南洋遷到中國東南沿海，開始了晚清西學傳播史上的新階段。這一階段，通商口岸成爲傳播基地。此前，傳教士的活動局限於南洋一帶，西學書刊雖亦能傳至中國大陸，其所辦學校中也有華人，但畢竟水路迢迢，對中國内地影響有限。五口通商後，麥都思、雅裨理、慕維廉、艾約瑟等傳教士以這些地方爲基地，辦學校，出書刊，進行各種西學傳播活動，東南沿海遂成中國率先接受西學影響的地區。傳教士所出版《聯邦志略》（1846）、《格物窮理問答》（1851）、《地理全志》（1853）、《大英國志》（1856）、《地球説略》（1856）、《地理略論》（1859）等書籍，《中西通書》（1853—1860，年鑒）、《遐邇貫珍》（1853—1855）、《六合叢談》（1857—

1858）等雜誌，包括豐富的歷史學、地理學、經濟學知識，也有一些哲學、文學知識。

比如，《遐邇貫珍》所載《花旗國政治制度》一文，不但介紹了美國的總統選舉制、立法、司法、行政、聯邦及各州之組織，還將英、美政治制度作了比較，認爲各有利弊。再如，慕維廉譯編的《大英國志》與《地理全志》，都是超過三百多頁的大書，前者翔實地介紹了當時世界上最强大的帝國英國的歷史與現實，後者比較宏觀地介紹了世界地理知識。

這一時段，傳教士忙於在通商五口進行傳教活動，出版宗教讀物繁多，所出人文社會科學書籍較少，十來種而已，但是這些書刊在中國士紳中還是産生了比較廣泛而重要的影響。魏源編《海國圖志》，廣泛徵引了《地球圖説》等西書；徐繼畬撰《瀛寰志略》，直接得益於雅裨理等人的西書資料；王韜、管嗣復參加了一些西書與雜誌的譯編，受到這些知識的深刻影響。王韜日後出版《西學輯存六種》，頗得益於他在墨海書館協助偉烈亞力等人的西學熏陶，管嗣復則將其西學知識轉述給其老師馮桂芬，促成馮桂芬名著《校邠廬抗議》的誕生。《聯邦志略》《地理全志》《地球説略》等書還傳到了日本，並有日譯本行世。

第三階段，1860年至1900年。

1856年至1860年，英國、法國在美國、俄國等支持下，發動了侵略中國的第二次鴉片戰爭。中國再次慘敗。侵略者逼迫清朝政府先後簽訂了《天津條約》(1858)、《北京條約》(1860)等一系列不平等條約。通過這些條約，外國侵略者從中國勒索了大筆戰爭賠款，取得了一系列侵略特權。其中，與西學傳播密切相關的有：一、增開11個通商口岸，即天津、牛莊、登州、臺南、潮州、瓊州、鎮江、南京、九江、漢口、淡水。後來實際開埠時，牛莊改爲營口，登州改爲煙臺，潮州改爲汕頭。條約規定，外國人可以在這些通商口岸居住、賃房、買屋、租地起造禮拜堂、醫院、墳塋等。二、傳教自由。三、外國人可到中國内地各處遊歷、通商，中國政府應提供方便。四、開放長江。這樣，加上先前割讓的香港，開放的五口，中國被迫對外開放的城市達17個。外國人可以在南起廣州、厦門，中經上海、煙臺，北至天津、營口，東起上海、南京，沿江西上，直到中國内地，這樣廣闊的範圍裹自由活動。其結果，加强了西方列强對中國的政治侵略、經濟掠奪，也便利了他們對中國的文化滲透。

在清政府方面，以咸豐皇帝去世、辛酉政變發生、慈禧太后掌權爲轉折點，中國對外對内政策有了重大調整。總理各國事務衙門的設立，京師同文館、上海廣學會的創辦，以學習西方堅船利砲、聲光化電爲重要内容的洋務運動的開展，江南製造局等機構的設立，中國向歐洲、美洲與日本等地駐外使臣的派出，聖約翰大學等衆多教會學校的創辦，都對西學傳播產生了重要影響。1894年發生的中日甲午戰爭，中國再次慘敗，激起變法思潮高漲，維新運動發生，更推動了西學傳播的高漲。

這一階段，譯介西學方面，有兩支力量同時發力，即清政府官辦機構與教會機構，前者以京師同文館、江南製造局翻譯館爲其著者，後者以設在上海的以基督新教傳教士爲主的廣學會最爲突出，天主教耶穌會設立的土山灣印書館也貢獻甚多。

這一階段，所出版的人文社會科學譯著，數量較前大爲增多，約130種，超過以往約三百年所出同類書籍總數。內容也更加厚實系統，有適應瞭解國際形勢與外國情況需要的《萬國公法》（1864）、《歐洲史略》（1886）、《希臘志略》（1886）、《羅馬志略》（1886）、《四裔編年表》（1874）、《萬國史記》（1880）、《法國律例》（1880）、《萬國通鑒》（1882）、《八星之一總論》（1892）、《各國交涉公法論》（1898）、《歐羅巴通史》（1900）等；有介紹外交常識的《星軺指掌》（1876）、《公法便覽》（1877）、《公法會通》（1880）；有介紹西方歷史、哲學、經濟學基礎知識的《佐治芻言》（1885）、《西學略述》（1886）、《辨學啓蒙》（1886）、《富國養民策》（1886）、《地球一百名人傳》（1898）；有適應變法需要、介紹外國變法的書籍《自西徂東》（1884）、《列國變通興盛記》（1894）、《泰西新史攬要》（1895）、《文學興國策》（1896）；有爲變法運動提供理論支撐的《天演論》（1898）、《民約通義》（1898）；有爲教育變革提供學術資源的《西國學校》（1873）、《肄業要覽》（1882）、《七國新學備要》（1888）、《教育學綱要》（1899）；有合哲學與心理學爲一體的《心靈學》（1889）、《治心免病法》（1896）、《格致匯編》刊載傅蘭雅所作的《混沌説》（1877），概略地叙述了當時中國還不大有人瞭解的生物進化論觀點。廣學會出版的李提摩太翻譯的《百年一覺》（1894），原爲美國空想社會主義小説，影響極廣。同爲廣學會出版的《大同學》（1899），第一次向中國人介紹了馬克思及其學説。

第四階段，1901年至1911年。

1898年的戊戌政變，1900年的八國聯軍侵略中國之役，使清朝政府的威信跌到最低點，中國國際、國內形勢均發生巨大變化。一方面，愛國人士、知識分子失望到極點，革命風潮因之而生，留日熱潮驟然而起。另一方面，清政府實行新政，鼓勵工商，廢除科舉，改革學制，繼而宣佈預備立憲。這兩方面都亟需西學（新學）資源。在這兩方面因素的共同作用下，西方人文社會科學在中國的傳播，呈井噴之勢，從内容到方式、從數量到質量都有巨大變化。

此前，西學知識主要由翻譯英、法等西書而來。1900年以後，由日本轉口輸入西學數量急劇增長，日本成爲西學輸入主要來源地。從1900年到1911年，中國通過日文、英文、法文共譯各種西書至少有1599種〔一〕，遠遠超過此前90年中國譯書的總數。從1902年至1904年，共譯西書533種，其中日文書籍達321種，占總數的60%。

在繁多的中譯西書中，人文社會科學比重加大。以1902年到1904年爲例，三年共譯文學、歷史、哲學、經濟、法學、政治學等人文社會科學書籍327種，占譯書總數的61%。同期翻譯自然科學書籍112種，應用科學56種，分别只占譯書總數的21%和11%。〔二〕所占比重從多到少的順序爲人文社會科學→自然科學→應用科學，與之前幾十年的情形正好相反。京師大學堂從1898年到1911年翻譯、出版西學教科書有六十餘部一百多册，其中人文社會科學類占62%。〔三〕這表明當時西學輸入的重心，已從器物技藝等物質文化層面轉到思想、學術等精神文化層面。

〔一〕見拙著：《西學東漸與晚清社會》（修訂本），中國人民大學出版社，2011年，第11頁。

〔二〕以上數據均見拙著：《西學東漸與晚清社會》（修訂本），第11頁。

〔三〕範軍：《歲月書痕》，華中師範大學出版社，2017年，第165頁。

就内容而言，這一階段所譯人文社會科學書籍，舉凡哲學、文學、歷史、經濟、法學、政治學等各學科，都有頗成規模的系統譯作。

哲學方面，概論性譯作就有9部，如井上圓了著、羅伯雅譯《哲學要領》(1902)，德國科培爾著、下田次郎述、蔡元培譯《哲學要領》(1903)，井上圓了著、王學來譯《哲學原理》(1903)；邏輯學譯作18部，如楊蔭杭譯《名學》(1902)，清野勉著、林祖同《論理學達恉》(1902)，十時彌著、田吴炤譯《論理學綱要》(1902)、嚴復譯《穆勒名學》(1905)，大西祝著，胡茂如譯《論理學》(1906)，英國耶方斯著、王國維譯《辨學》(1908)，法國孟德福著、李問漁譯《名理學》(1908)。其他哲學著作(含哲學家介紹、各國哲學、哲學史)9部，如蟹江義丸著、範迪吉等譯《西洋哲學史》(1903)、姉崎正治著、範迪吉等譯《宗教哲學》，井上圓了著、蔡元培譯《妖怪學講義録(總論)》(1906)；心理學譯作21部，如元良勇次郎著、王國維譯《心理學》(1902)，長尾槙太郎著、蔣維喬譯《心理學》(1906)等；倫理學譯作10部，如元良勇次郎著、麥鼎華譯《倫理學》(1902)、德國泡爾生著、蔡元培譯《倫理學原理》(1909)；教育學46部，如立花銑三郎述、王國維譯《教育學》(1901)，能勢榮著、葉瀚譯《泰西教育史》(1901)。清末一度流行哲學救國論，一批學者認爲救國應先救其人，救人應先救其心，救心應先救其學，而救學則應從譯介西方哲學始。因此，舉凡古希臘、羅馬哲學，西方近代哲學，以及重要哲學家生平及其學説，幾乎無一不被譯介。

文學作品翻譯更是繁盛一時，内以小説最多。據研究，從1901—1911年，中國共翻譯域外小説547

部，散文集22部，戲劇1種〔一〕。對英、美、法、俄、德、日、荷蘭、奥地利、瑞士、希臘等國文學作品均有翻譯，内以英、法、日三國最多。英國的莎士比亞、笛福、斯威夫特、哈葛德、柯南道爾、司各特、哈代、拜倫、狄更斯、斯蒂文森等，法國的小仲馬、雨果、大仲馬、朱力士、迦爾威尼，美國的斯土活夫人、布莱特夫人等人作品都有翻譯。譯自英國的，僅林紓就與人合譯哈葛德《迦因小傳》和《鬼山狼俠傳》等20種，柯南道爾《歇洛克奇案開場》等7種，司各特《撒克遜劫後英雄略》等3種，斯蒂文森《新天方夜譚》等。同是柯南道爾作品，就有周桂笙、林紓和魏易、陳家麟、包天笑等人投入翻譯。譯自法國的有，林紓與他人合譯的《巴黎茶花女遺事》《賂史》，薛紹徽譯的《八十日環遊記》，包天笑譯的《鐵世界》，朱樹人譯的《穡者傳》和《冶工軼事》，陳春生譯的《獄中花》，梁啓超等譯的《十五小豪杰》，魯迅翻譯的凡爾納小説《月界旅行》。從1899年到1911年，從日本翻譯過來的小説有55種，其中1907年就翻譯了11部，内有《佳人奇遇》《經國美談》《謀色圖財記》《美人島》《世界一周》等。〔二〕

歷史學方面，比較重要的有102部，其中通史14部，如作新社出版的《萬國歷史》（1902）、支那翻譯會社的《萬國史綱》（1903）、杭州史學齋的《萬國史要》（1903）、上海通社的《世界通史》（1903）、山西

〔一〕鄧集田：《中國現代文學的出版平臺—晚清民國時期文學出版情况統計與分析（1902—1949）》，華東師範大學博士論文，2009年，第502—512頁。

〔二〕汪帥東：《晚清日本文學翻譯研究》，《當代外語教育》，2018年，第2輯。

大學堂譯書院的《邁爾通史》(1905)、江楚編譯官書局的《萬國史略》(1906)。其中英國李思倫白著、蔡爾康等譯編的《萬國通史》，規模最爲宏大，凡30卷，相繼於1900、1904、1905年由廣學會出版。地區史、國別史52部，如東亞譯書會《歐羅巴通史》(1900)、金粟齋《西洋史要》(1901)、商務印書館《亞美利加洲通史》(1902)、文明書局的《泰西通史》(1903)等，還有英、美、德、法、日等國歷史。變政史、維新史、獨立史17部，如作新社的《英國維新史》(1903)、文明書局的《佛國革命戰史》(1903)、商務印書館的《美國獨立戰史》(1911)，還有關於意大利、菲律賓、希臘、印度等國獨立或變革史。其他專史5部，如開明書店的《近世海戰史》(1903)、文明書局的《世界女權發達史》。人物傳記14部，包括華盛頓、拿破侖、彼得大帝、俾斯麥等個人傳記，還有世界名人、歐洲政治學家、日本維新志士等合傳。

政治學方面，比較重要的譯編有29部，其中政治學概論性的譯作，有高田早苗講述、嵇鏡譯《國家學原理》(1901)、德國伯倫知理原著、梁啓超譯《國家學綱領》(1902)，德國那特硜著、馮自由譯的《政治學》(1902)、戢翼翬等譯《那特硜政治學》(1901)，市島謙吉著、麥曼蓀譯《政治原論》(1902)，美國伯蓋司著、楊廷棟譯《政治學》(1904年以前)；政治學理論譯作有英國斯賓塞著作、楊廷棟譯《原政》(1902)，法國盧梭著、楊廷棟譯《路索民約論》(1902)，浮田龢民著、出洋學生編輯所譯《帝國主義》(1902)，西川光次郎著，周子高譯《社會黨》(1902)，馬君武譯《彌勒約翰自由原理》(1903)，幸德秋水著、中國達識社譯《社會主義神髓》(1903)，村井知至著、侯士綰譯《社會主義》(1903)，加藤弘之著、陳尚素譯《人權新説》(1903)，福井準造著、趙必振譯《近世社會主義》(1903)，英國甄克思著、嚴復譯《社會通詮》(1904)

等。介紹各國政治態勢的有《萬國政治叢考》《最新萬國政鑒》《最新萬國政治制度》《萬國國力比較》《歐美政教紀原》《十九世紀末世界之政治》《美國民政考》等。

經濟學方面，1901 年至 1911 年出版譯作 23 部。其中，嚴復翻譯的《原富》出版，是西方經濟學經典著作首次完整譯出。1902 年，《欽定學堂章程》規定，今後學制三年的高等學堂政科，必須設立『理財學』即經濟學課程，這促進了西方經濟學説引進與傳播。此後，楊廷棟編《理財學教科書》、天野爲之著《理財學綱要》、商務印書館出版的田尻稻次郎著《理財學精義》，均列爲中小學理財學教材。1906 年至 1908 年，政治經濟社等機構出版了《公債論》《租税論》《紙幣論》《貨幣論》《財政學》《計學》《比較財政學》等多種屬於經濟學分支的著作。

法學方面，這一階段譯作特多。從 1901 年至 1911 年，共譯法學書籍 263 種〔一〕，是晚清社會科學中譯書最多的學科。1902 年，清廷命沈家本等遴選諳習中西律例司員分任纂輯，延聘東西各國精通法律之博士、律師以備顧問，復調取留學外國卒業生從事翻譯。於是，清政府有計劃地翻譯大量法律書籍。民間譯書機構或出於社會需求，或出於牟利目的，也翻譯了大批法學書籍。從國際公法、國際私法，民法、刑法、民事訴訟法、刑事訴訟法、行政法，應有盡有。不但一般性的介紹法學原理、法學流派、國際法的著作都有介紹，而且各種具體法規法制，如警察學、監獄學，也很豐富。有的同一種著作有多種譯本，

〔一〕 田濤、李祝環：《清末翻譯外國法學書籍評述》，《中外法學》，2000 年，第 3 期。

單1903年，《國際私法》就有4種譯本，《國法學》有5種譯本，《法學通論》有6種譯本。1904年至1909年，清政府爲適應法律改革需要，由修定法律館主持審定，翻譯了一大批刑法、民法方面的書籍，包括德國、法國、美國、意大利、日本等國刑法、民法多方面具體法規。1906年以後，中國地方自治聲浪日高，與地方自治相關的自治法規、地方性法規書籍翻譯頗多，諸如《地方自治論》《英國地方政治》《歐洲大陸市政論》《日本府縣制郡制要義》，與地方自治相關的警察書籍翻譯尤多，諸如《最近警察法教科書》《德國警察法》《警察全書》《警察學》《偵探學》。這些書主要自日文譯出，法律也以日本爲多。這一時期引進日本法律最爲全面的一部書籍，即《新譯日本法規大全》，由張元濟、劉崇杰等翻譯，內容相當廣泛，對清末法制改良有着重大影響。

第五階段，1912—1919年。

隨着清廷覆滅，中華民國建立，政治建設、法制建設、公民道德建設等任務提到人們面前，這些方面的譯介著作也隨之增多。與政治建設、法制建設有關的譯作主要有：同是英國莫安仁著、許家惺譯的《英國立憲鑒》（1912）、《英議院權力發達史》（1912），英國布賴斯著、孟昭常譯《平民政治》（1912），美國麥萊著、陳其鹿譯的《美國民主政治大綱》（1912），美國約翰·温澤爾著、楊錦森、張莘農譯的《美法英德四國憲法比較》（1913），日本田中萃一郎著、畢厚譯《歐美政黨政治》（1913），美國黎卡克著、梁同譯的《政府論》（1914），法國路易·普羅爾著、高仲和譯的《政治辨惑論》（1914），日本齋藤隆夫著、姚大中譯的《比較國會論》（1917）。東方法學會譯編法律要覽叢書多種，由泰東書局出版，包括《民法要覽》《民事訴訟法要覽》《商法要覽》《刑法要覽》等，影響廣泛。

有關公民道德建設的譯作甚多，諸如《國民道德談》(1915)、《道德之研究》(1915)、《品性論》(1916)《泰西改良社會策六章》(1917)、《新道德論》等。其中，英國著名道德學家斯邁爾斯(S. Smiles，1812–1904)多種著作被多次翻譯，包括《勤儉論》(1914)、《克己論》(1915)、《職分論》(1917)，葉農生、蔣方震、秦同培等均參與譯事。第一次世界大戰爆發以後，有一批與戰爭有關的譯作問世，如《德意志戰論》《開戰時之德意志》《美國總統威爾遜參戰演説》《革命心理》《國際同盟論》。

這一階段，馬克思主義、無政府主義書籍的譯介也有一些，包括1912年施仁榮翻譯恩格斯的《理想社會主義與實行社會主義》，是馬克思主義經典文本在中國早期傳播較爲完整的譯本，是恩格斯的著作《社會主義從空想到科學的發展》在中國的第一次譯介。1919年凌霜翻譯克羅泡特金的《近世科學與無政府主義》。

這一階段，所譯哲學、史學著作，均遠較清末爲少，但文學翻譯勢頭依然很猛。1912年至1919年，共翻譯域外小説250部，散文集35部，戲劇3部[一]，涉及英、法、美、俄、德、日、西班牙、奥地利、瑞士、波蘭、比利時、丹麥等國作家，内以英、法作家所占比例爲高，英、法主要作家被譯作品與清末

〔一〕鄧集田：《中國現代文學的出版平臺—晚清民國時期文學出版情況統計與分析(1902—1949)》，華東師範大學博士論文，2009年，第512—519頁。

有延續性，如英國哈葛德、柯南道爾、狄更斯，法國大仲馬、雨果等，增加較多的是美國作家華特生等人的作品，俄國托爾斯泰等人作品也陸續翻譯進來。

以上五個階段，就對中國社會影響而言，每一階段都不能忽略，各有各的影響。但綜合而言，以清末這一階段的影響，最爲廣泛而深入。數以百計的出版機構，數以千計的中譯日書，數以萬計的留日人員，難計其數的雜誌、報紙，將形形色色的西方新學轉口輸入中國。範圍之廣，數量之多，來勢之猛，是此前歷史階段也是民國初年所不可比擬的。這一階段，正是中國廢科舉、興學校的教育體制轉型期，難計其數的各門各科的新式教科書，大多是這一階段編寫的，藍本多取自日本，多取自這一階段的譯書。各門各科的辭典大量引進、編寫，無形中起着規範語言的作用。

四

近代中國被動卷入全球化浪潮之中，遭遇千古未有之變局。在此以前，中國雖然早已與外族有了關係，但那些外族都是文化較低的民族，縱使他們入主中原，到頭來也終歸爲以儒學爲核心的中國文化所化。在中國接觸的世界裏，中國以老大自居，他國也以老大尊之。但是，到了近代，情況大不一樣。中國面對的英國、美國、法國等，絶非先前的夷狄可比。這些對手，既陌生又强大，突兀而來，猝不及防。中國生産方式、生活方式、價值觀念、審美情趣、教育體系、學術體系、語言詞彙，乃至風俗習慣，無不發生深刻的變化。人文社會科學譯著，既是這一歷史變局的産物與證物，也是這一變局的助推器。

以語言詞彙而言，中國今天所用各類新詞彙，大多形成於近代。人文社會科學方面的新名詞，諸如社會、政黨、民族、階級、主義、範疇、系統、規範、唯物、唯心、主體、客體、法學、法庭、民法、刑法、金融、銀行、生産力、生産關係，都是近代出現的，而且大多是從日本移植而來。日常生活所用諸多新詞彙，也主要形成於近代。比如，以『化』字結尾的複合詞，特殊化、現代化、民族化、大衆化、自動化；以『式』字結尾的複合詞，速成式、問答式、簡易式、西洋式；以『炎』字結尾的病名，關節炎、氣管炎、腦炎、肺炎、胃炎、腸炎；以『性』字結尾的複合詞，可能性、現實性、必然性、偶然性、必要性、習慣性；以『界』字結尾的複合詞，文學界、思想界、藝術界、新聞界、出版界；以『感』字結尾的複合詞，美感、好感、惡感、情感、敏感；以『點』字結尾的複合詞，觀點、要點、焦點、重點、出發點；以『觀』字結尾的複合詞，悲觀、樂觀、人生觀、科學觀、世界觀、宇宙觀；以『論』字結尾的複合詞，一元論、宿命論、無神論、唯物論、唯心論；以『法』字結尾的複合詞，辯證法、歸納法、演繹法、綜合法、分析法。還有以『作用』『問題』『時代』『社會』『主義』『階級』等詞結尾的複合詞，心理作用、精神作用、土地問題、社會問題、舊石器時代、新石器時代、奴隸社會、封建社會、人文主義、社會主義、地主階級、農民階級。如此等等，不一而足。

新名詞如此，學科分類亦如此。以『學』字結尾的學科名，財政學、經濟學、生物學、物理學、心理學、家政學、社會學、冶金學，也都在清末定型。

近代譯介的人文社會科學，不但影響了當時的中國社會，而且業已廣泛融入中華文化傳統當中，幾乎無處不在、無時不在地體現於我們的物質文化、制度文化與觀念文化之中，體現於我們的日常生活當中。倘若不信，你且撇開此類新思想、新觀念、新學術、新詞語，寫一篇文章或者講幾句話試試！

鑒此，我們選編了這套《近代人文社會科學譯著選輯》，選擇不同歷史階段較有影響的譯著，分爲五輯，分類如下：1、人文社會科學總論與政治學；2、哲學、邏輯學、倫理學、心理學、教育學；3、歷史學、地理學、社會學、禮俗；4、法學、經濟學；5、文學、藝術、人物傳記。

鑒於嚴復所譯學術名著、林紓所譯文學著作已有多種刊本行世，本書不再收録。

《近代人文社會科學譯著》第二輯第五册説明

本册收録《教育學》《女子教育學教科書》《教育新論》與《教育新史》。

《教育學》，王國維述，教育世界社印行，出版時間未注明，估計在1905年〔一〕。

王國維（1877—1927），字静安，初號禮堂，晚號觀堂，浙江省海寧人。王國維早年追求新學，把西方哲學、美學思想與中國古典哲學、美學相融合，研究哲學與美學，形成了獨特的美學思想體系，繼而攻詞曲戲劇，後又治史學、古文字學、考古學。1927年6月2日，於頤和園中昆明湖自沉。著述甚豐，有《海寧王静安先生遺書》《紅樓夢評論》《宋元戲曲考》等六十餘種。教育學方面，他在1901年翻譯了日本立花銑三郎編著的《教育學》，這是引進中國的第一本全文翻譯的《教育學》；於1905年編著《教育學》，這是國人編著的第一本《教育學》〔二〕。王國維1903年4月至1904年1月在通州師範學堂（南通）任教，1904年10月至1906年1月在江蘇師範學堂（蘇州）任教，《教育學》是他在蘇州應教學需要所編的教科書，故封面題『江蘇師範學堂講授』。

〔一〕瞿葆奎：《兩個第一：王國維譯、編的〈教育學〉——編輯後記》，《教育學報》，2008年第2期。

〔二〕瞿葆奎：《兩個第一：王國維譯、編的〈教育學〉——編輯後記》，《教育學報》，2008年第2期。

《教育學》分三篇十六章，第一篇緒論，介紹教育之意義、目的、教育者、被教育者等，第二篇介紹教育人類學，包括人與動物的差異、教育人體學、教育心理學、教育期之區分；第三篇介紹教育方法學，包括衛生、訓練、教授、教材、教案等。此書是中國學者編撰的第一部教育學著作，在中國教育史上具有重要的地位。

教育世界社，1901年成立於上海，羅振玉等發起，主要譯員爲王國維、樊炳清。王、樊曾從日本人藤田豐八等學習日文。這是中國最早翻譯、出版日本教科書的機構之一。所譯書籍，王重哲學、教育學方面，樊重科學方面。所出《教育世界》雜誌，自1901年創刊，至1908年終刊，共出版166期，在介紹外國教育制度、教育理論、教育家名著方面，厥功甚偉。

《女子教育學教科書》，植山榮次原著，陳憲鎔譯，山東官書局，1904年出版。

植山榮次，日本教育家，日本女子高等師範學校教授，所著除了此書，還有《教育統論》（直隸學校司編譯局，1903年）、《新説教授學》（商務印書館編譯所譯，1903年）與《最新日本學校管理法關鍵》（杜光佑、程鵬年譯，1906年）。

植山榮次在《女子教育學教科書》序言中，闡述家庭教育之重要性，説明此書『專爲高等女學校教科編述，非供教師用，爲爲人母者設也』，所以特别强調家庭的作用。

陳憲鎔（1876—1935），字金生，號今僧，山東曲阜人，1903年，以官派普通師範生的身份留學日本，就學於宏文學院普通師範班，後又入名古屋愛知醫科大學。留學期間，受進化論影響，致信家鄉父老鄉親，興辦新式教育。在其影響下，其母在自家住宅内，辦起『陳金氏私立幼幼小學堂』，學制五年，設有語文、算術、歷史、地理、生理、習字、體操、唱歌等。招生24人，内有女生4人，陳金氏親任校長，開風氣之先。1905年經山東學務處批准立案。陳憲鎔回國後，在濟南先後擔任太和醫院主任和山東防疫所所長等職，對幼小學堂極爲關心，給予很多支持〔一〕。陳憲鎔翻譯《女子教育學教科書》，係適應家鄉開展女子教育之需要。

《女子教育學教科書》凡六篇：一，緒論，述教育之意義、目的、教育當行之時期、教育者、應當研究事項；二，心之狀態，述心之研究法、意識、心之作用、感覺、知覺、觀念、記憶、想像、斷定、推理、情緒、欲望及意志等；三，家庭教育，述家庭教育之必要、作用、身體之養護、遊戲及手技等；四，幼稚園保育，述幼稚園之要義、幼兒保育方法；五，學校教育，述學校教育之要義、小學校教育之要旨及方法、教授、訓練；六，結論，總結家庭教育與學校教育、家庭教育與國家的關係。陳憲鎔在譯例中説明，近來教科書儘管不少，但獨合於女子教育的甚少，植山榮次此書，意義完備，能兼家庭、幼稚園、小學校三個方面，『論萃歐西，頗爲醫吾國學界良劑，故譯之』。

《女子教育學教科書》後附《保赤須知》，關於幼兒保育的知識，摘譯自津田元德所著《幼兒心理學》一書。凡九章，包括兒童心理學之價值、兒童心理研究法、胎兒心身之發達、胎教之效力、血族之重姻、

〔一〕《陳憲鎔與其母陳金氏》，孔令河主編：《曲阜名人》，山東友誼出版社，1991年，第151—153頁。

兩親之不謹慎並不正當之結婚、兩親之飲酒並感情、受胎後之血液變化，母體之顛躓，以及妊娠中應注意之事項。

《女子教育學教科書》出版以後，頗受社會歡迎，到1909年已印刷三版。〔一〕

《教育新論》，天眼鈴木力著；《教育新史》，中野禮四郎著，二書均爲張肇熊譯，文明編譯印書局1902年出版。譯者在《敘例》中自述：

天眼鈴木力所著之《丈夫之本領》一書中，有一篇題曰《自化》，舉泰西教育家言甚多，側重自育，以爲吾人學問，當求諸己，與鄙意不謀而一揆，爰亟譯之。繼而又得中野禮四郎所著之《東西洋教育史》中，有紀歐洲各國教育現情一章，凡學校種類、課程、卒業期等，無不備載，遂又譯之。與前所譯者，訂爲一册，名曰《〈教育新論〉〈教育新史〉合刻》〔二〕。

所謂合刻，只是兩書合訂在一起，前面是《教育新論》，後面是《教育新史》，兩書頁碼亦各自獨立。

天眼鈴木力，即鈴木力（1867——1926），號天眼，習稱鈴木天眼，日本福島縣人。自幼修學漢籍，有志於東亞問題。1890年與仙信夫、北村三郎等創辦《活世界》，呼呼發揚日本精神，振作對外經綸。次年任《二六新報》主筆。1894年潛入朝鮮內地活動。1900年，參與商討孫中山策動的惠州起義方略。1902

〔一〕《女子教育學教科書》，《時報》，1909年3月11日，第4版。

〔二〕《敘例》，見本書。

年赴長崎，創辦《東洋日出新聞》，任社長。1908年當選爲衆議院議員。1926年病逝。

張肇熊，字惕庵，江蘇金匱人，生平不詳。除了此書，還譯有《高等小學博物教科書》（文明書局）。

中野禮四郎（1872－1964），出生於佐賀縣，東京大學國史科畢業，歷任早稻田大學講師、早稻田中學校長等。著有《日本教育史》（1904）、《帝國歷史》（1901）、《東洋歷史》（1901）、《西洋歷史》（1901）、《鍋島直正公傳》（1920）等。所著《東西洋教育史》，全書由蔡艮寅（蔡鍔）、賀廷謨翻譯，開明書局1903年出版，本輯第八册收録。〔一〕

〔一〕中野禮四郎資料，由日本手代木有兒教授提供，順此鳴謝。

教育學

王國維 述

女子教育學教科書

〔日〕植山榮次 著 陳憲鎔 譯

教育新論

〔日〕天眼鈴木力 著 張肇熊 譯

教育新史

〔日〕中野禮四郎 著 張肇熊 譯

江蘇師範學堂講授

教育學

教育世界社印行

教育學

海甯王國維述

第一篇　緒論

第一章　教育之意義

教育之語。雖今日一般用之。然精密考察其意義者殆稀也。世人或以教育但限于授算讀寫作之知識技能。而學校但爲授教科之地者。或以教育爲但於學校施之者。皆不知教育之眞義者也。教育眞正之解釋如左曰

教育者成人欲未成人之完全發育。而所施之有意之動作也。

從如右之解釋。則父母欲其子爲良人時所施之訓戒。及教師啓發生徒時之教授。皆教育之作用也。然無心於教育之作用。雖于冥冥之中。助長兒童之發育。不得謂之眞正之教育。例如因自己之便宜。而使役兒童。兒童雖可因之而得某種之技能。然不可謂之教育其兒童也。

附言　博士休曼說德國語之哀爾棲亭 Erziehen（即教育）之字義如左。

一、哀爾棲亭有導之向上之義。即導兒童之身心。使完全其作用。以達一定之目的。

者也。約言之則導兒童使向成人而終爲成人者也。

二、哀爾棲亨又有引去之義。即引去兒童身心上不宜之抵抗是也。此等抵抗之原因。由于外界之事情。及心身之薄弱。或生而有不善之稟性者也。

英語之哀投開馨。Education。出于拉丁語之 Educare 及 Educere。亦導出之意義。與德語略同。

其在中國語。教育二字。始見于孟子盡心篇。教者令也。此從教者之方面言之。（淮南子主術訓行不言之教）又效也。（廣雅釋詁三又白虎通三教元命苞及三蒼皆云）此從受教者之方面言之。育養也。（易象上傳虞翻注詩周頌鄭箋爾雅釋詁等）長也。（書盤庚孔傳詩谷風及生民主傳等）由此觀之。教育之義之如何廣。可推而知也。

第二章　教育之目的

教育之目的。就廣義解之。不可不以人類生活之目的爲其目的。然就此目的。諸家之說各異。海額爾及海爾巴德。以道德爲人類唯一之目的。如身體及知識。不過達道德之手段耳。現在教育家中。左袒此說者不少。然從佛蘭利希之折衷主義者。以此說爲極端。其言曰。

以道德為教育之最高目的固自無誤然以此為唯一之目的則極端之說也。身體及知識不但為道德之方便其自身有獨立之價值明矣。

蓋人有身心二面而心意中又有知識感情意志等種種之現象故唯以其一部分為教育之目的不可謂之妥也。道德者人之所以為人之要點。教育之力不可不專注于此。而視為最高之目的。然他部分亦人之所以為人之一成分故不可不加之于目的中也。

再細察教育之目的。即離人類一般之目的。而自特別之事情觀之。第一。不可不依本國之國體及歷史而以養成適于國體之良國民為目的。第二。不可不依一個人之天稟而斟酌其目的。然天稟必非限其將來之發達又非教育者所能精密豫知之。故若太泥于特別之事情反有害兒童之發達也。

第三章　反對之教育主義

欲深解教育之目的。不可不就古來所有反對之教育主義說明之。

一　理想主義與實利主義。　理想主義者。不注意于兒童將來所從事之職業。而唯以

養成善良之人物爲目的此主義高尚教育之目的又使教育之事業不局促于實用之範圍內然過重此主義而不顧其他遂養成不適于實際之人物

實利主義則教育兒童而使成有用之世俗的人物即其目的不在理想而在實用也近時所稱道之實業教育亦屬此主義欲使教育着實及增進國之富源固當依此主義然失之太過往往害兒童之自然

二個人主義與社會主義 個人主義者以一個人爲目的而以其對社會國家之關係置之度外者也即謂因社會之公益而施教育寧爲政治上之問題而屬于教育之範圍外此說對極端之國家主義雖有所糾正然亦矯枉而過其直者也

社會主義反是即不顧個人之權利而唯以社會之公利爲目的其陷于極端者則視個人不過社會之一器具因之失教育之本義

三自然主義與人爲主義 自然主義以人之自然之性爲善良教育但當助自然之發達而決不可加以人爲固執此主義者不知自然之亦有缺點者也

自然主義之反對曰人爲主義即欲依人爲之方法而陶冶人之性質此主義往往有

不顧兒童之天性之弊。

此外極端說之相反對者。有溫和主義、與嚴肅主義、有知育主義、與德育主義、皆不免偏于一端。欲求善良之教育主義在於此等反對主義之中點立不偏不倚之主義博士克爾希奈爾曰。

正當之教育主義。當如雅里大德勒之道德說調和反對說而得其中庸教育之病多在偏于一端可謂適切之言也。

第四章　教育者

兒童最初之教育處爲家庭。而其教育者父母也。父母之當爲兒童之教育者。人之自然也。殊如母以自己之懷抱爲幼兒之牀。以己之乳汁爲其食料。故于身體之發育上。可不待論。其對幼兒之言語感情。而加以感化者。甚顯著也。父母之外。祖父母兄姊乳母等。亦教育之開始者也。然但有家庭之教育。不能全教育之功用。父母雖適於爲訓練者。然不甚適于爲教授者。於是不得不受以教育爲專職之教師之教育教育所不可缺之資格。成人也。即須以身心成熟而于社會上處獨立之地位者爲之。

克爾希奈爾云。不至二十五歲。不適于爲教育者也。

第五章　被教育者

能受教育者。唯人類耳。如禽獸不過飼養之。而不能教育之。蓋教育之事非施諸有靈知者且能自由發達者。不能見其效。動物雖有劣等之體欲及感覺。然無理性。故其發達限于極狹之範圍內。不能如人類自由之發達。此教育之所以獨存于人類也。受教育者。以未成人者爲宜。蓋人類有發達之時期。遇此時期。則品性已定。教育不能與以感化也。

第六章　教育之終始

教育當自何時始乎。從斐奈楷之說。則謂以兒童之對其行爲而有道德上之自覺時爲始。或謂幼兒在母胎內已受教育者。二者皆極端之說。寧以生于世之日爲始。爲適當也。

教育當以何時終乎。有意之教育。非終身所必要。故教育當逮兒童之達成人。即二十四五歲爲止。此後雖非無要教授勸戒之處。然固有之教育。已不可施之。蓋成人以後

當使獨立而各自爲教育者以繼續其自己之教育若踰自然之制限而干涉之反損其獨立之性質也

第七章　教育學所當究之事項

教育學者以科學的方法研究一切關教育之事項者也此學之材料一取諸他科學一取諸實際之經驗今分其當研究之事項如左

第一教育人類學　(一)教育人體學　(二)教育心理學

第二教育方法學　(一)衛生　(二)訓練　(三)教授

第二篇　教育人類學

第一章　何謂教育人類學

教育者不可不就所教之兒童而精密究之此種研究即教育的人類學也人有身體及心意二部故教育的人類學自分而爲二其研究其有形的身體者謂之教育的人體學其研究無形的心意者謂之教育的心理學今欲說明其各部不可不先說人之所以與動物異之理由

第二章　人之所以與動物異之理由

人之所以與他動物異者以其有理性故也。人由理性。而始得知自已。知萬物。而啓發理性。及使之明瞭確實。則非教育不可。理性先與劣等之情欲戰。而情欲實先理性而生。其勢甚盛。理性之欲克之也。亦甚難。對此戰爭而助理性者。唯教育耳。教育由種種之方法。而養成高尚之感情。使理性立于情欲之上。要之人類所以優于動物者。以其心意也。則身體與心意。雖共爲教育之目的。然不可不以心意中之理性。爲教育之主眼。

第三章　教育人體學

第一節　此學之區分

教育人體學。與一般人體學同。分爲解剖學、及生理學、之二部。解剖學示身體各部之構造。生理學示各機關活動之法則者也。依此二學。分人體之裝置爲三種。即運動裝置、營養裝置、神經裝置是也。

第二節　運動裝置

人之身體。一種之運動器械也。而其組織與活力。雖精良之器械。無以過之。此器械亦如一般之器械。得分爲二部。一受動的器械。一他動的器械。骨靱帶及關節。屬第一種。筋肉與運動神經。屬第二種。而人體亦如蒸汽器械。即各部分不可不連結。又其活動也。不可無熱。而欲生此熱力。不可無必要之材料。以供其燃燒。此材料支持器械之活力。併補償其損失之分量者也。活動之後。必須休息。不隨意之機關。如心臟消化器呼吸器等。其活動常間斷的也。故吾人有意之運動。亦不可不與休息相交代。

第三節　營養裝置

吾人體中之勢力。如世間一切活動。不可無材料。於是身體各部。有代謝作用。即收取必要之材料。而排泄其無用者。掌此作用者。即營養裝置也。身體必要之材料。爲養氣水小粉蛋白質脂肪砂糖鹽類石灰鐵硫燐等。此等材料。一部由吸息。一部由飲食供給之。飲食物在消化器中。依分泌液之補助。而變爲血液。血液以其所含之材料。輸送于身體之各部。且流去其無用之部分。又養氣與無用之部分相化合。而生燃燒。由是生生活上必要之體溫。

身體之各機關。依神經系統而統一之。吾人由之以知外界之現象。又生運動者也。神經系統之中心有三點。腦髓脊髓神經節是也。感覺、神經以身體各部所起之刺激。傳諸中心。運動、神經反之。以中心所起之興奮。傳諸身體各部者也。而興奮之自腦來者。其所起之運動。謂之有意的運動。

第四節　神經裝置

神經之全系統。分爲二種。一動物的、系統。一植物的、系統。前者管理心意之諸現象。後者無意識。而管理不隨意之運動者也。此二者又得各分爲二種。即動物的系統。可分爲感覺的、系統與運動的、系統。植物的系統。可分爲脊髓系統、與交感系統。

第四章　教育心理學

第一節　幼兒之心

幼兒之心。亦如成人之心。但未發達耳。故有知、感、欲、三種之狀態。與成人同。吸乳汁而覺快味。是感也。能分別母、與他人。是知也。見乳房而近其口。是欲也。此三種之心狀。互相關係而不能相離。近世有以此種心狀。各爲一種之能力。如四肢之於身體。爲獨立之作用者。然自海爾巴脫之觀念說及裴奈楷之感覺說既出。能力說大抵爲心理學所不取也。

第二節　感覺及知覺

知之始。感覺也。幼兒生而無何等之表象。（即觀念）其爲外界所刺激。而作種種之表象。與鏡之攝物影無異。外物之刺激五官。而生單純之表象時。謂之曰感覺。感覺集而造複雜之表象。謂之曰知覺。此等表象乃心之元質。而爲其發達之基礎也。兒童之初年。以觸接外界而採集心意之元質爲主要之動作。

第三節　表象之再現

直接受外物之刺激所生之表象。即知覺。非時時現于吾心。時過則匿其形者也。然若遇喚起之之事情。則再浮于心面。名之曰表象之再現。表象之再現也。有三種。一依類似律。一依接近律。一依因果律。

再現之表象之仍保其原形時。謂之記憶。變其形時。謂之想像。

記憶有三種。第一謂之器械的記憶。即不問理解其所記憶之事之意味與否。唯以甚相接近之故而器械的聯絡之者也。第二謂之理解的記憶。理會其意味而記憶之者也。三曰人爲的記憶。以人爲的方法連結本無關係之表象而保存其偶然之關係者也。

想像有二種，一曰受動的想像，一曰自動的想像，受動者如聞他人之談話或讀書時，吾人在受動之地位而想像其所談所記之事物者也。自動反是。自我之意匠所搆之想像也。於地理及歷史想像未知之地方。及往古之人物。屬于前種。于作文及工夫畫。自兒童之意匠所想像者。屬于後種。

第四節　類化

外物之爲我之知識也有三階段，第一刺激覺官而生感覺，然吾人所感覺者未必悉爲心之所有。例如專心讀書時。種種之聲。確刺激于吾耳。然不暇究其爲何聲。亦不知其何自來。必加以注意而攷其爲何聲。來自何處。則感覺始得爲我之所有。此之謂知覺。此第二階段也。然吾人所知覺者未爲吾人完全之知識。於是乎有第三階段。即再現舊表象之與新表象有關係者。而與之融和。此即類化作用也。兒童之觀察新物而知其爲何。以其與既有之經驗類化故也。

第五節　思考

思考。整理直觀所生個個之表象。而定其相互之關係之作用也。就其形言之如左。

(一)自個個之表象。抽出其類似之部分。或遺其不類似之部分。而作概念。

(二)連結個個之表象與概念。或連結概念與概念。而生斷定。

(三)連結斷定與斷定。而生推理。

茲舉其一例如左。

教育者社會之改良者也。

教師教育者也。

故教師社會之改良者也。

概念斷定推理三者。其形式雖不同。然由心理上觀之。共歸于同一之作用。即整理所得之表象。聯結其相同。而區別其相異者是也。

兒童之思考之作用亦早發現。其習言語之後。見類似之事物。而應用之。此即思攷之作用也。然幼時之思攷。但比較目前有限之事物而爲之。故其作用不免粗笨。故教育者不可不導之使爲精密之思考也。

第六節　感情

感之始爲身體上之苦樂。例如食果而感快。嘗苦味而感不快是也。幼兒其始唯有身體上之苦樂。然至知力發達。而有種種之表象。則由此表象而生思想上之苦樂。名之曰情緒。如悲喜怨怒悔等是也。

情緒之中。推察他人之苦樂而感之者。謂之曰同情。如小兒見他人泣而亦泣是也。文王視民如傷。亦不外同情之作用。情緒之高尙者。謂之曰情操。其由美醜而生者。謂之曰審美之情。依知識而生者。謂之曰知識之情。依善惡而起者。謂之道德之情。對神明而生者。謂之宗教之情。

教育不可不以裁制下等之感情。及養成高尙之感情爲務。

第七節　欲望及意志

人之欲某事物也。不可無其事物之表象。不浮于我心者。不能爲我之欲望。又雖有表象。而於吾人無價値者。不能生欲望。價値者何。無他。件以苦樂之感情而已。一片之土塊。不足以動吾心。其對我無價値故也。則欲望不可無表象與感情以先之。然欲望之不完全者。如饑渴睡眠。自身體上之必要生者。殆無表象以先之。名之曰體欲。又曰衝動。

欲望若但望某事物。而未有達之之手段。則唯謂之欲望而已。然若信有成就之手段。而欲實行之。名之曰意志。意志若依同一之主義。而前後不相矛盾時。謂之曰品性。養成善良之品性。教育最高之務也。

第五章　教育期之區分

人類之生活期。亦如植物動物。可分爲三期。發育期、成熟期、衰弱期是也。而教育期當與發育期相同。既如第一篇所論矣。發育期自生時至二十四五歲止。然女子比男子約早三四年。其中又可分爲三期。

一幼兒期。　即自生至六七歲。即換齒之時也。此間又可分爲二小期。一哺乳期。即一歲以內。此時植物的生活最盛。身體各部。皆極軟弱。感受性極強而生長甚速。二游戲期。幼兒至此。能獨立步行。學言語。其腦質脂肪少而水多。至七歲而漸堅固。其期大抵因自由之游戲。以廣其經驗。然尚未能就有秩序之課業。

二兒童期。即自六七歲至十四五歲之間也。當此時。各種之天禀。已大抵發達。身體亦壯。好游戲之心。雖猶有之。然漸讓步于好學心。其入小學。在此時期也。此時兒童之心。最渴望材料與動作。記憶力亦强。名譽之心亦漸發生。而可應用稱讚與非難。

三少年期。即自十四五歲至二十四五歲之間也。此期身體之各機關。已完全發達。能保持各部之調和。生徒依前期所得之材料。而自已思攷之。又漸有自制獨立之力。

第三篇　教育方法學

第一章　教育方便之種類

教育之方便有三種。增進其身體之生活。必由衛生。堅固其道德的生活。必由訓練。長其知識。則由教授。然此三者。相依相助。而不能相離者也。衛生雖爲體育之主要方便。然欲奏其功。不可無節制勤勉諸德。又不可無衛生之知識。故必借訓練與教授之助。于訓練時亦然。非由衛生以健其身體。由教授以得道德之知識。亦不能達其目的。就教授言之。亦非由衛生及訓練之助。而于身體及心意上有必要之能力。則教授亦屬無效。要之三種之方便。必互相統一。然後可達教育之目的。就時之次序言之。則衛生最早。訓練次之。教授又次之。然非教授始而衛生與訓練即告終也。三者當並行而相助。既如上所論矣。

第二章　衛生

第一節　營養裝置之衛生

幼兒之身體。當與以必要之營養物。

母之乳汁。幼兒第一年最良之食物也。此時之食物。決不可複雜。至換齒時期。然後可與以一般之食物。

兒童所嫌忌之食物。不可强使食之。

食物之分量。當與身體之需要及消化器之勢力相應。

小兒之食事。其度數不可不較大人多。而每度之分量不可不少。

於兒童之食事。當立一定之規律。

食之前後。不可使其身心活動。

飲物之節制。乃一種之道德。不可不養成之。

兒童所吸之空氣。必以新鮮爲宜。故當流通室內之空氣。空氣過暖。則使身體柔弱。故教室內適當之溫度。以法倫表六十度上下爲宜。又不可急遽變其溫度。

當使屢爲深呼吸。又當有秩序之運動。以練習呼吸。

當使洗拭身體。清潔皮膚。無使血氣之活動停滯。

第二節　運動裝置之衛生

欲使筋肉增其勢力。且爲心意之僕隸時。不可不十分活動。運動之分量。及運動與休息之交代。必不可不適當。各筋肉不可不悉運動。即手腕身足之筋肉。依由游戲體操及此外全體之運動。手之筋肉。依圖畫習字手工等。發聲器之筋肉。依說話唱歌等而練習之。

第三節　神經裝置之衛生

覺官之刺激。不可過弱。亦不可過强。例如强烈而神速之光線。與朦朧之光線。皆有害于眼也。

覺官當使清潔。

使用覺官。不可過久。久過則有使之痴鈍之慮。

欲多面領受外界之事物。當練習一切覺官。

心意之活動即腦之使用。當由漸而多。其始以少爲宜。

心意之活動。必間以適當之回復時間。即于教援時間中當揷以休息時間。

睡眠之分量。當依年齡而斟酌之。即年少者比年長者不可不多眠。

已就眠之兒童。不可亟呼之使起。急遽則恐攪亂神經之作用。

就眠之前。不可爲身心上激烈之活動。不然則使睡眠不安。

晝間當使兒童十分活動。則夜間自能酣睡。

注意　衛生上詳細之研究。讓諸衛生學。右之所述。唯摘記其梗概耳。

第三章　訓練

第一節　訓練之意義

道德者。教育之最高目的。故教育之方便。皆不可不達此目的。然管轄幼兒之心意者。非道德的意志。而自然之欲望也。故教育者當整理此欲望。以使漸進于道德。即于一面依教授以養成道德之思想。一面依訓練而教育兒意之意志。教授之對道德為間接。而訓練直接也。今下訓練之定義如左。

訓練者。欲導兒童于道德之生活。而加于兒童之意志之直接作用也。

第二節　訓練之種類

家族及學校之生活。至厖雜也。因之教育者與兒童之關係亦至複雜。故訓練時所當行之手段亦甚多也。

今舉其第一手段。即使兒童領受善。以為道德上之要件是也。善於一面依示例（模範）直現之。一面依言語領受之。然不可但以知善為足。必以行之為務。又使兒童行善。同時又不可不防其惡。其手段如看護習慣及作業等是也。最後當使其好善惡惡之念日益鞏固。此時所需之補助手段。賞罰是也。

第三節　示例

裘爾列爾揭爲教育者第一之要件如次。曰教育者于其所望于兒童者。不可不自踐之。其使兒童爲之者。不可不自爲之。此可謂以一語道破教育者之資格者也。苟欲使他人善良。自己不可不先爲善良之人物。示例之感化。其力比之他種教育作用。實甚大也。

兒童之模倣力極强。見其所尊敬親愛之人之行爲。則己欲爲之。示例者。以善行示之于目前。其確實非喋喋施訓戒之比。且命令勸告等。非兒童稍生長而解事物之後。不能施之。示例則不然。自襁褓之中。已不識不知而與以强大之感化。羅馬哲人珊奈揩論示例曰。

　言語教之。示例破之。

　依教訓久長而少功。依示例短而有效。

此之謂也。示例之最早者在家族。而母又其中心也。斯邁爾斯曰。賢良之母。一家之磁石也。母之占教育上重要之位置。以是可知。教師之示例。亦極重要。教師平日之爲人。

所及于兒童之感化。比之教訓命令等。其效甚大。

其次學友之示例。亦有效也。所謂學風者。不外學友間之示例。故教師當率先示全校以良模範。而作善良之學風。

第四節　言語

言語依兒童之年齡性質。及一時之情事。而變其形式者也。對幼年之兒童。多用命令許可禁止等。對年稍長者。則以勸告戒諭爲主。又有時用承認之形式。有時用非難之形式。所期于訓練者。運用此等形式。而操縱得其宜也。

一命令及許可非拒

命令有命以某事當爲。及命以某事不當爲之二種。其必要之條件如左。

(一)命令不可不爲道德的且合理的。即命令當從道德之原則。決不可出于一時之任意。又不可不適于兒童之能力。

(二)命令不可不統一。即父母教師所命令者。當本于同一之主義。而不可彼此互相衝突。又一人之命令。不可因時因地。而自相矛盾。欲謀命令之統一。當於熟考之後發之。

(三)命令之形式宜簡單而明確又同時不可不帶好意的音調
(四)命令不可不節其數多用命令則使兒童之自治心不能發達
命令之大體須集之而爲規則使兒童豫知之規則以爲兒童所豫知之故故其服從之也較一時之命令易
許可及非拒乃對兒童所提出之事而許之或拒之之作用也此際之許與拒亦須確實合理且含愛情及好意對兒童之正當提出者以冷笑輕侮拒之大不可也
二勸告及戒諭
及兒童稍長漸辨事理則當少用命令而代之以勸告以使兒童達道德上之自由勸告者讓兒童之意志自思慮之而自決定之以向于道義者也
若用勸告之法而戒某行爲之不可爲時謂之戒諭勸告及戒諭其判決任諸兒童故比之命令及許可非拒等更有教育上之價值然於兒童之意志未堅知識未廣時施之反害道德之發達
三鈞語及恐嚇

釣語者。豫言善行之快樂之結果以勵之。恐嚇者。豫言惡行之苦痛之結果以戒之。用此手段時。不可不注意于下文所述之要件。

(一)釣語及恐嚇。不可多用。夫行爲之結果。以兒童自發見之自經驗之爲良。且教師若屢用釣語與恐嚇。則兒童必但依結果之利害而動作。而大失道德之本意。且釣語非所以買兒童之服從者。而以兒童之善意既存。更欲增其歡喜而用者也。

(二)豫言賞罰之際。必不可不實行之。不然則失教育者之威信。兒童有不奉其命者矣。

(三)釣語及恐嚇。不可不爲道德的及合理的。即教育者之用此手段也。常不可不依良心。就無目的無理由之事項。而用此手段。最不可也。

四承認及非難

教育者承認兒童之善行。而表其滿足。或非難其惡行。此二者皆訓練上必要之手段。而深其好善惡惡之感情者也。

承認者。不必限于成功之行爲。雖稍有缺點而未盡成功者。若對其善意而承認之。而使知有成功之望。則自起興味。且示其意見之與兒童一致。大足以喚起兒童之熱心」

兒童若如何用力。而不能得教育者之滿足。則其熱心爲之痿痺。而教育失其生氣。然教育者之表其滿足時。不必用稱揚之詞。但用「可也」「是也」。等簡單之語。或由顏色音調首肯等。以表其意足也。稱揚過甚。則使兒童驕慢之心。非無弊也。又教師對一二生徒之稱揚。不可不節之。不然。則生他生徒之猜忌心。或疑教師之偏頗。要之與他生比較而稱揚一生。或非難之。皆教育上所禁也。

非難若適宜用之。其效亦不少。其所當注意之要件如左。

(一)非難不可不正當。無謂或苛刻之非難。而喚起兒童之惡感情者。皆所當禁也。又加非難時。有當注意者。即兒童何故而生此過失乎。即其過在于己之命令之不明歟。或示例之惡歟。或教授之拙劣。訓練之不宜歟。皆不可不熟考也。若認兒童之行爲果可非難。則當注意于非難之不過度。

(二)非難時不可不含愛情。若用嘲弄的口調。或起激怒。甚有害也。

(三)非難不可陷于無力之哀懇。哀懇者。增長兒童之驕慢。失墜教育者之威嚴者也。

(四)非難之語須簡單。且不可屢用。若言語過長。則恐挑起兒童之反情。度數過多亦然。

反覆同一之言語。不如以顏色示意之爲有效。

（五）加非難時。當于他生徒不在時爲之。

第五節　習慣

於訓練時。不但以使兒童收得道德之觀念爲滿足。必使實行之。即當以道德爲一技能。一習慣而與日常之生活不須臾離爲務。

幼年時習慣之範圍甚狹。且有形的也。及其生長。其範圍漸廣。且其性質亦漸高尚。即其初使其起臥飮食運動等有一定之秩序。及有整理器物之習慣。進而養成其淸潔精勤節制等之習慣。更進而使有誠實好意從順沈着等之習慣。而養成善習時。一面又當去其惡習。去惡習比之養善習更難。故當于漸染未深之際。早處置之。

造習慣時。當使屢屢反復。而確實行之。則敎育者當實行善良之行爲。以示其模範。次依命令勸告等。以促其實行。最後當注意其果實行與否。其必要之條件如左。

（一）當早爲之。

（二）當不撓不屈。以漸而進。

(三)目的未達時不可放棄之旣達後不可不維持之

第六節　作業

茲所謂作業者總稱一切有意之活動而游戲及此外兒童之所自行者悉包含之兒動欲活動之意極多苟能適宜養護之不獨有益于身心之發達對道德上之訓練亦大有價値者也兒童之活動之欲望當由散步游泳游戲等無害之事滿足之游戲防兒童之惡戲且以與他人共樂得以養成其協同心及同情故教育者當與兒童以適宜之游戲已亦入其中而誘導之

游戲時所用之玩具最宜注意者也市上所販賣者唯以釣兒童之嗜好爲宗旨其於教育上之利害而作者殆無也夫以幼時教育之緊要而以其所最愛之玩具委諸營利者之手豈不危險乎故教育者當自作玩具以使適于兒童身心之發達兒童漸長則當自自由之游戲而導之爲整然之游戲如紙細工粘土細工等一定之作業是也

于家庭及學校所爲之業務亦爲一作業而訓練上必要之手段也夫怠惰者諸惡之

萌芽。當使自幼時不染此惡習。然所以課兒童之業務。必與其能力相應。使彼喜其成功。於學校之教授時。用適于兒童之材料。務使自悟之而自爲之。如此不但于教授上生有益之結果。於訓練上亦極有益也。

第七節　看護

防過失比之改過失也較易。而防之之方便。謂之看護。然看護不獨防其過失。又當使之行正義。兒童之身心上瀕于危險時。又欲使盡道德上之義務時。當加以看護之法也。

看護之必要。雖如右。然行之過度。則害兒童獨立心之發達。且伴以種種之弊害。即於父母教師之前。雖愼其行爲。然離其看護監督。則忽爲惡戲。亦誤用看護之弊也。行看護時。當多與兒童交際。共游戲。共作業。而於其間不知不識看護之。然亦有遇不得已之事。而必行純粹之看護者。又看護時不可爲不當之處置。如秘密探兒童之惡事。或使學友互相告發。皆教育上所宜禁也。

第八節　賞與

一賞與之目的

教育的賞與。乃使兒童之爲善行者。起喜悅之念。使益進而爲善行者也。夫於教育上所當養成之德行。在使兒童不問賞與之有無。而爲所當盡之義務。故與世間一般之賞與稍異。即與其謂之賞與。謂之表教員滿足之標徵爲適當也。則夫豫懸賞而買兒童之從順者。固非賞與之本旨也。

二賞與之必要

有反對教育上之用賞與者。曰善者。唯爲善之故而爲之耳。依賞與而爲善。不得謂之眞善。故教育兒童而用賞與之方便。則但動其好賞與之感情。而失道德之本旨也。此說固甚有理。然唯誤用賞與時。始有此弊耳。若其應用得宜。則可無此弊。且「善者爲善之故而爲之」之格言。非謂攷其行爲所生之結果爲不可也。爲他人盡力而尙有餘地。則爲其自己計。亦何不可之有。則與賞而使思其結果之快樂。亦非可槪斥之也。且兒童與成人異。成人能商量善之價値。不問賞與之有無而爲善。然兒童唯爲目前之刺激所左右耳。故父母教師依特別之手段即賞與。以獎其爲善。亦不得已也。

三賞與之性質及分量

賞與之性質。以自然爲貴。即須與行爲之種類相應。而使兒童思爲自然之結果。例如勤讀之後。許以休息及游戲。誠實之人。與以信用是也。兒童漸長。賞與之種類。亦當漸用精神上之物。如書籍及賞牌是也。賞與之教育的價値。非必依品物之良否。若授者與受者之間。充以親愛之情。則瑣末之物。反優于高價之物。

賞與之度。必不可不少。不然則兒童慣于得賞。至爲賞與之故而爲善。故平時但以顏色或言語表其滿足可也。

第九節　課罰

一課罰之目的

賞與之反對。課罰也。課罰者。兒童之行爲有缺點時。欲戒其將來。而與以苦痛者也。兒童由課罰而悟惡行之苦痛。悔己之惡而自改之。此則課罰之目的也。

二課罰之必要

盧梭以課罰爲不當之手段。而舉其弊害。曰「課罰者。增長兒童之利己心。其避惡就善。唯爲懼罰故耳。破道德的自由。而得奴隸的習慣。名譽心日以失。對教育者之嫌忌心日以長。親愛與信仰之心。亦因之而墜地。」然盧梭所言之弊。祇于煩苛不當之罰見之耳。若稀用之。則不至流于奴隸的服從。以親愛之情及熟練之法課之。則不至害師弟間之感情。及失其名譽心。不獨無此等弊害。且能使兒童由此而自知其過失。悔而改之。以更求教育者之滿足。然則課罰之弊。非課罰之罪。而在運用之方法不得其宜耳。且兒童非能因善之故而爲善。及因不善之故而不爲不善。故用課罰之方便而漸漸誘導之。亦不得已也。

三課罰之要件

(一)教育者當豫防兒童之過失。而以能少用課罰爲務。

(二)兒童若有過失或不德之行。教育者當先自反省。而求其過失之原因。思量自己有致此過失之責任否乎。

(三)教育者當自修養其自制溫和忍耐諸德。不然。則有亂用課罰之弊。

(四)課罰唯加于道德上之過失。

（五）課罰不可苛刻。

（六）課罰之種類。當與其所犯之罪相應。例如罰虛言以不信用是也。

（七）課罰當依兒童之性質。而加以多少之斟酌。然不可使他兒童有不公平之感。

（八）課罰當以熟考自制公平熱心及親愛之情行之。

四　課罰之種類

課罰分為三種。名譽之罰。自由之罰。及體罰是也。

行名譽之罰時。不可因此而消去兒童之名譽。用非難之言語。及示不滿之顏色。皆此種之課罰也。於學校下其席次。及使起立于一定之處等。亦屬此種之課罰。

自由之罰。對幼年之兒童有顯著之效力者也。如奪其散步時間。或于授業時間外留之學校。而使攻課業等是也。但行此罰時所為之課業。必須有益者。其不要而難學者。例如使暗誦無用之長文。大不可也。且毋使兒童以其課業為課罰而嫌忌之。尤此際所當大注意者也。

就體罰之事。諸家之說不一。如地斯台爾威以此為有害無用者也。謂葡萄酒不能以荆棘。造善良之品性。不能由體罰生。開爾反對之曰。當訓育頑强之兒童。戒諭恐嚇皆無效。時終局之手段。唯有夏楚耳。然苟非萬不得已。決不可漫然用之也。

第四章　教授

第一節　教授之目的

教授之直接目的。在知識技能之傳授。然但以傳授爲旨。則陷于器械的學習之弊。而但以得外面之知識爲滿足。所謂教授唯物論是也。如學校之以得知識之多少試驗兒童之學業者。及世人之由兒童得知識之多少而品評學校者。往往陷于此弊。教授眞正之目的。在使兒童天賦之諸能力。調和發達。而陶冶其爲人。則教授時不當以授觀念造概念爲足。必由之以養成高尚之感情。興起善良之意志。以陶冶道德的品性。然但以陶冶爲目的。而不問其所傳授之實質如何。則其教授必疎漏。且不能達其所謂陶冶之目的。此即極端之形式主義也。蓋形式與實質。必相待而始奏其功。則依有益之實質而爲有效之陶冶。乃教授之眞正目的也。

第二節　教材之選擇

教授之材料。當由前節所述之目的定之。即一面須適于陶冶兒童之諸能力。一面授以一般國民所必要之實質的知識。由此二要件攷之。則教授之材料。當廣採各種之知識技能。然修業之年有限。兒童之能力亦不能無限。於是不得不就種種之知識技能。而商量其價值。選其比較上有益者而用之。且此材料必有益于國民全體者。採有益于特別之階級或特別之職業之材料。非普通教育之本旨也。然依地方之狀態而兒童大都爲農家或商家之子弟時。則當加多少之斟酌。亦實際上所必要。然此際亦不可深入特別之教育。而付一般陶冶事業於不問。蓋深攷特別之條件。易出于普通教育之範圍故也。

第三節　教材之統一

教材之選擇。當廣涉于各種之事項。然其間必不可無統一。不然。則徒亂兒童之思想。且因之而弱意志之能力。若教材有統一。則各教科能互相喚發。而兒童之知識。亦成整然之一團體。而欲教材之統一。其必要之條件如左。

一　教材務當互相聯絡

如地理之於歷史。讀書之於習字作文。其關係固極親密。雖在他科。亦非無可聯絡之處。如算術之問題中。可插以地理之里程歷史之年數等及作文之問題。探諸地理歷史及理科等所授之材料是也。如此互相聯絡。一面增運算作文之興味。一面練習地理歷史及理科之知識。使更確實。諸科相助。而教授之效乃見矣。

然各教科。其中各有固有之次序。爲欲統一之故。而破壞此次序。使各教科失其獨立之性質。又不可謂之適當之方法也。秩耳列爾所謂開化史的教案。以歷史上之材料爲中心。而使他科之材料。統合于此。不免有此弊也。

二 諸教材之排列務用並進之法

排列教材於時間上也。有二法。一爲直進法。一爲並進法。直進法者。一種之教材授畢。然後授以他種之教材。此歐洲中古之耶穌教學校之三科及七科。用此排列法者也。然純粹之直進法。殆不見于今日。並進法反是。自始提出種種之教材。使之並行而進。第一年所授者。與第二年所授者。其科目無大差。而漸加深。與所謂循環而進是也。欲教材之統一。不可不用並進法。然純粹之並進法。亦過于繁雜。故適當之教案大體依並進之主義。又交以直進法。

三一學級之全學科務以教師一人擔任之

一學級若以一人教之。則教材之斟酌。得自一人之胸中出。不然則有分裂之病。

第四節　教案

定一週間或一日間所教授之教科之次序。謂之曰教案。夫教科之難易不同。兒童之活力亦隨時而變化。故當攷教科之性質。與兒童疲勞之增減之狀況。而作適當之教案。教授上之一要務也。今列舉其當注意之點如左。

（一）艱難之學科。當於身心活潑時教之。兒童之身心。大抵以午前爲最活潑。午後則稍疲勞。故多用心意之教科。大抵置之午前爲宜。然非謂一切艱難之科目。悉置諸午前也。蓋午前之心意。由前夜之睡眠而復活。故能適于要思攷力之科目。然用之過多。則力不能繼。故教育者。更當注意于第二條件。

（二）多用心之教科後。當以少用心之教科繼之。威志曰一心意活動之度。不能時時相同。又最難之事。當于兒童之心之領受力最强。教師之活力最盛時爲之。此人之所知也。故教數教科之際。當以艱難者始。以容易者終。然其教授時間若爲四時間以上。則當於第一時間與第三時間授其難者。而于第二時間與第四時間授其易者。以使心之張弛相交代。而關心情之學科。當于心之活潑時爲之。又雖在成人。某時間心之狀態。與其前一時之所爲大有關係。游戲之後。心之散漫實甚。不能爲細密之思攷。況兒童乎。要之自心之勞動之最少度。而漸增其度。不得不謂之反于自然也。

(三)欲保存兒童對各教科之記憶及興味。故一週間內。當使各教科于適宜之間隙再現。若集算術教授於一週之上半。集理化于一週之下半。不得不謂之不當。特如二三時間教授同一科目。尤所最忌也。在下級之兒童。雖一時間中教授一事。猶不能無厭倦。故教師于一時間內當隨時自一事移于他事。而以新事物再喚起其注意。況至數時之久乎。

附言　威志曰。一時間用心無間斷。亦成人所不能也。縱一時能之。然兒童因爲此事而全消耗其心力。遂至對此事而生嫌惡之情。故教授于一時間內。不可使兒童之用心力達其頂點。又四五時間中連授科學。則減殺兒童之力。消滅其歸家後爲事之勇氣。故一面于一時間中心之勞動。須有張弛。一面于一日內科學之教授。當以圖畫習字或手工雜之。

(四)定教案時當注意兒童之健康。要正坐傾聽之教科後。當繼以要起立者。多用視力之教科後。當繼以少用者。又一時與他時間。當與以休息。食前不可爲身心上激烈之勞運。食後當與以消化所必要之休憩時間。皆所宜注意也。

第五節　教段

當教授一事時。欲使生徒全解其事。而確爲其心之所有。則當据心理學之規則。定教授時之次序。名之曰教段。此自海爾巴德、秩耳列爾以來。所大唱導者也。然就階級之區別。即同派中之人。意見亦不同。今由心理上立大體之區別如左。

一直觀之階段。　知識之基礎。在于直觀。吾人實由實地之經驗知覺。而集知識之材料。由此基礎。以解不能經驗之事物。及無形之理者也。故教授上最宜先爲者。在使兒童直接觀察實物。或示以模型繪畫。或使之與其前所直觀者結合。而由言語以傳達新事物。然令欲授一新事物。不可不使兒童之心。適于領受此事物。特如以言語傳授者。欲使兒童類化之。必使追想過去之經驗。以再現其既有之表象。如是而兒童始能以注意迎此新事物。而以興味把住之。即如是而新表象始于兒童之思想界。發見其適當之位置也。故直觀之階級。更分爲豫備及提示二級。然豫備之分量與其形式。則因時地而異。大抵對生徒之年幼者。及材料之遠于直觀者。其要豫備也多。對高級生及直觀的材料。其要之也少。又教實物時。則示以其物而使生徒据其所已知。以判斷其爲何。問答二三次以爲豫備足矣。而承前之教授。則行簡易之復習。以爲豫備。

二思考之階段。　吾人整理直觀所得之材料。而攷其關係。究其中所存在之理。而得概念或斷定者。謂之曰思攷。此階段中。又可分爲二階段。連結與綜括是已。連結者比較新授之事物與兒童所已知之相同之事物。而示其關係。綜括者。造普通之理法及概念也。然新舊事項之比較。既于豫備時行之。亦於提示中行之。故有時不必置此階段。若强以此爲一階段。而比較無甚關係之事物。則徒費時間。亂兒童之思想耳。綜括之意甚廣。大抵謂以簡明之言語。述提示之結果。及以就一實例或一標本所見者推及于其所屬之種類是也。若但以爲製造概念發見法則。則此階段亦不能不暫缺。何則。概念及理法。非兒童所易知故也。特如關技能之事。以指示模範之與練習應用爲主。必使兒童本于觀察。積練習與應用。而始能有所悟。故苟拘泥此形式。而必置此一階段。必不免陷于機械的教授也。

三應用之階段。 吾人雖有許多之知識。然若不能應用。則不過死知識耳。故教授上當置應用之階級。使兒童本其所已知之知識。而判斷新事物。本其所已學之技能。而利用于他方面。以使既有之知識技能。日益確實。而更有所新得。此教授上必不可缺者也。即如修身科中。兒童既有勤勉信義忠孝等一般之思想。則使兒童自發見其相當之例。或教師自提出個個之例。而使兒童判斷之。或由歷史傳記中。取種種之人物。而說其行爲性質。使兒童本其既有之倫理思想而批評之。於言語教授。使談其所講讀者。或綴之而爲文。於算術教授。使應用數理于賣買借貸等實際之計算。於理科教授中。取新動植物而使判其屬于何種等。皆最有益之練習也。況夫技術之以應用及練習爲主者。其要更不待言。

如上所述。教授固不可無階段。然若立一不動之階段。而對如何之生徒。如何之材料。

皆以此次序教授之。不可謂之當也。要之實際應用時。當依教科之性質。與生徒之程度。而省略變更之。提示無論何時何地所不能缺。預備則有時不必要。比較及綜括。若材料不悉備時。及授技能之教科。不必行之。應用則當教授之始。亦有不能行者。

附言　教授之階段。有分爲三段者。有分爲五段者。又其名亦不一。今略舉其例如左。

海爾巴德	明瞭		聯想	系統	方法
秩耳列爾	分解	綜合	聯想	系統	方法
蘭因	預備	提示	連結	總括	應用
特爾普翻特	直觀		思考		應用
威爾曼	受納		思考		應用

此外小學中有用豫備教授應用三階段以爲教授上大體之次序者。

第六節　教式

教式者。教授時表于外面之作用。而教師與生徒交際之體裁也。其種類如左。

一注入的教式　謂生徒唯在受動之位置。而教師爲主動者也。此教式又可分爲三種。

(一)模倣的教式。或例示的教式。　教師先示其例。而使生徒模倣之。如體操、習字、圖畫、讀法、屬技能之教科。用此教式。

(二)暗記的教式。　即反覆誦讀必要之文章及格言等。此教式今日用之者少。

(三)講話的教式。　如授修身或歷史時。教師爲連續之講話。使生徒默而聽之。

二開發的教式　謂使生徒立于自動之位置。而教師導之而啓發其心意者也。此教式亦有三種之別。

(一)發問的教式。　教師以發問導生徒。而使之自活動者也。如自個個之觀念抽出普遍之概念時。或使回想既得之知識時。常用此教式。

(二)發明的教式。或課題的教式。　提出問題而使生徒自動。例如算術及作文之課題是也。

(三)對話的教式。或蘇格拉底教式。　依自由之對話。而啓發其心意。昔蘇格拉底教弟子時。常用之。故又謂之蘇格拉底教式。此教式比發問的之教式。生徒之活動更爲自由。教師但依發問或反對而助生徒之自動耳。

教式之得失。須由生徒之能力。與教材之性質定之。大抵以開發的教式。就中殊以發問的教式爲最優。然亦有時對須用講話的教式者。對話的教式。其視生徒也過高。故不適于小學之教授。

第七節　發問之方法

發問者。教授中最緊要且最困難之部分也。發問有數種。今依其目的而分之如左。

一復習的發問。　欲使生徒既得之知識益加確實。而由發問以復習之者也。

二試驗的發問。　欲試生徒之學力。即欲試生徒進步之如何。而定用某方法爲宜時之發問也。

三教授的發問。　授新奇之事項時或自既授之事項而造概念時之發問也。

更就發問之形分之。則如左。

一決定發問。　發問之言辭中。已含答詞。不過使生徒選擇之決定之耳。例如「此花是梅否。」「鳥有二翼歟將一翼歟」等是也。

二補成發問。舉答詞之一部分而使補其他部分者也。例如「鼠棲于何處之動物乎」「鼠何歟」等是也。

決定發問。不足興起生徒之思攷。得以「然」或「否」之語答之。于心意之發達上殆無其效。則教授上不可不廢此種之發問。鄧來爾謂「用決定發問之教師。心之虐殺者也。當放之于戶外。」補成發問反是。能鼓舞生徒之思攷。教授上最適切之形式也。

第八節　發問時必要之條件

一發須向問全級發。然後指名某生徒。使答之。

二發問時當應其難易之度。而與以思考之時間。

三指名生徒時。不可依席次。且以徧及全級爲務。

四指名生徒時。不可用代名詞。用代名詞時生徒不甚注意。且易紛亂。

五發問之言語。當明晰。

六發問當適于生徒之力。

七發問當冗長之語。

八發問當有限定不可紛歧。

九發問之音調當銳敏。

第九節　答辯之處置法

處置生徒答辯之方法如左。

(一)答辯不誤時當別其果從理解上答歟抑器械的答之歟或偶然適中歟若有所疑則當變發問之體或用輕微之反駁若果發見其非理解的答辯時則務使應用此答辯于他所以使得其理解。

(二)答辯之一部正當即答辯不完全時教師當更依深入之發問而使生徒自正其誤。以其一部誤而排斥其全部則大不可也。

既修正之答辯當使生徒更覆述之。

(三)答辯全誤時或全不能答時教師當先考其原因之所在若其過在教師發問之言詞之不適歟或發問之過難歟則當改發問之體裁若不然而其過在生徒之不注歟

不勤勉歟。則當加以非難。而由生徒之怯懦而不答者。亦往往有之。然教師而果眞爲生徒所信用。則必無此事。又答辯時所必要者。答辯之明晰完全是也。如幼年級之以練習言語爲旨者。必使以全文答之。然在稍進步之生徒。而欲其練習神速時。則以一言半句亦可也。

本報特別告白

本社去年之報因社中編纂者有他事故是以欠至七期之多無以饜海內閱者之意深爲歉仄今年陸續補出尚欠三期因尚須辦本年之報恐補印更遲爲戾滋甚今承江蘇師範學堂教習王君以心理學教育學教授法三種講義之版權見畀此三種皆講求教育者必讀之書特爲印行以補三期之報願海內閱報諸君鑒焉本社謹白

新版

槙山榮次著

師範通用

陳憲鎔譯

女子教育學教科書

附錄保赤須知

山右官書局刊

新版

槙山榮次著
陳憲鎔譯

師範通用

女子教育學教科書

附錄保赤須知

山右官書局刊

秦漢而降。女智愈卑。民德愈下。禍之原於閨闥者幾十之七八。迄於今女子囚身錮體。閉無天日。鬱氣之積。發而爲窮凶極惡之舉。往々出人意表。而社會中機械變詐之事。亦遂之俱幻而莫可端倪。蓋一社會中有淑女斯有賢母。有賢母斯有高尚之國民。彼西人盧騷達爾文斯賓塞爾諸鉅子。皆以社會學著名。無不先倡平等女權諸論。今之謀國者其知之矣。夫柔巽順伏。不預外事。我國女子之寶律也。然皆後世之言。不聞於虞夏典謨之文。詩序稱太姒輔佐君子。求賢審官。朝夕勤勞。乃克二南啓化。宏八百載之基業耳。不圖後世曲儒。於先王之大經大法。精意名理。屏失殆盡。惟掇其餘沫。激論以箝此婦人女子之口。閉之深閨。役之酒食。防之以盜賊。虐之以天刑。彼孱々者。流厄於苛制。縛於謬說。以自救給不暇。尙有精力心思。爲社會立羣礎哉。故母之生子也。曹然以生之。其子之成也。亦曹然以成之。愛則寶如珍璧。怒則鞭若牛馬。富貴神仙。餂耳充腦。一重官誥。

萱顏爲開。積漸成俗。而吾社會之一切腐窳。皆出於婦人女子之手。或有迴超流俗。稍窺獨立精神。則亦天賦之未失。與磨勵之獨優。而母之功不與焉。於是天下人羣欲攘母教而歸之君師。否亦必歸之父。其言曰天生下民作之君作之師。又曰父生之師教之。又曰養而不教父之過也。不知君與師皆間接於母以爲教者也。父之教又不若母之親切而恒接也。夫不責之以教育。而强之以柔順巽伏。并其所教者而使之從之。此固倫中理乎。此固先王意乎。且契之母爲簡狄。稷之母爲姜嫄。夏之興也以塗山。商之興也以有娀。周之興也以姙姒。三代王者皆由母教。何其盛也。而先王於是不若政法道德勒爲成書。諄々以詔後世者。爲母之於子有天性。母之教子爲天職。不患其不竭心血以從事。固無煩喋々也。烏覩夫摧遏之以至今日。竟淪胥以亡哉。內則子生三月。妻以子見父。妻對曰記有成。成之者母道也。賈生疏君。詳及幼教。劉向傳古列女。冠以母儀。近古之儒。

固有以異乎後世之見矣。且胎教之方。唯俞左右之別。飲食方名之示。雖聚千百武斷异古經師。不得謂爲烏有。則古人於母教一端至詳且盡也。嗟乎、吾人自孩提以至成人。旋繞母膝者殆十餘年。此十餘年間。誨我者母也。導我者母也。聲音笑貌日接於吾前者母也。而此十餘年後。又視其母之誨者導者聲音笑貌者以爲親師取友之方。善者得芝蘭。惡者入鮑肆。民奴異途。判幃幗。然則母之於教。有特別之權力。抑又普通之義務也。泰西分教育爲百分。母教七十分。友教二十分。師教十分。而日本高等女學校。始有教育一科。此以私諸高等女子。而不公諸人母。祇以養成教師。而不足養成人母。誠無怪槇山氏云々。又況吾國人十倍於日本。女學則百不逮於日本。率數百兆炎黃之裔。以聽命於數千年阨制抑鬱之母。吾恐社會愈腐窳而種日以澌滅也。爰急譯槇山氏此書以告爲人母者。

大清光緒乙巳年孟夏月　譯者識

序　言

高等女學校教育一科。不過爲將來人母。全其職責已耳。以言教育。似僅學校專行。以言教育學。又似僅教師學問。從來昧々。不可謂非大誤。蓋學校教育。不過占教育事業一部。其原本實以家庭母爲中心點。自其効力時間兩觀之。母教對兒童發達。固至重無疑焉。彼學校教師。研究不容或缺。則家庭母識幾攬要。尤當一層逼進者也。今日高等女學校現行教則。不以教育科拘爲必修科目。女學校皆加設之。近年亦多主改必修科意見者。誠如是也。女子教育前途。樂哉其現象與。惜巳刋布教科書。多以學校爲主。主家庭教育者卒鮮。世稱美滿之作。德國呵克爾嗎所著家庭教育學爲最。外此堪統系之而叙述之者。復不多覯。謂非今日教育界一大缺憾乎。是編專爲高等女學校教科編述。非供教師用。爲爲人母者設也。故著明家庭。期以適實用。至教科書性質。表述貴簡淨。言論戒一偏。本書論說。力趨是途。不免淺淡枯乾之弊焉。

明治三十七年五月三十一日

著者識

譯例

一近來譯本層見迭出獨合於女子教育者尠甚於西人胎育襁教之說不無缺憾適見　槇山榮次君所著女子教育學教科書意義完備能兼家庭幼稚園小學校三者論萃歐西碩爲醫吾國學界良劑故譯之

一近來譯家意譯爲上本書因備原書意義且便婦孺觀覽故從淺近例直譯間附意譯

一中東文字語難吻合原書詞涉煩難處間節約之删易之惟特別名詞固有要義悉仍其舊不敢增損

一是書共分六篇書中感覺心意等編是作者以心理學描摩幼兒性質處宜細玩之方不失之禪寂至全書體制悉詳原序

一是書作者爲充本國教科用故語多詳悉惟原本缺功課時間各表特爲補入以備參攷

一是書編中偶有夾行註解皆係譯補

一是書譯就聊勝案頭筆記非敢問世且回華期迫誤謬尤多 博雅君子幸匡不逮

山左昌平 陳憲鎔金生甫識

女子教育學目錄

第三篇　家庭教育

女子敎育學教科書

日本 槇山榮次君著
昌平 陳憲鎔譯

第一緒論

第一章 敎育之意義

人爲萬物之靈。生物中最秀者也。當始生時。其質實弱。及其稍長。非有以助之。決不能成人。故由胎息形狀。從而經年。次第發達。以至獨立成人。不能外他人扶助。扶助云者。即敎育也。赤兒之生也。乳以養其身體。避烈光强音以護其耳目。漸長則與適當玩具。慰其心思。且敎以應用言語。更進達於六七歲。則令入小學校。使學國民之知識技能。如是在家庭受父母之育。在學校承師長之敎。皆爲助兒童身心發達之基礎。此敎育之謂也。

今試即教育簡便言之。

教育之定義

教育者。成人對於未成人助其發達行所有意之作用也。成人者。如父母教師。既成立可爲獨立生活之人也。未成人者、如襁褓赤子。以及小學校中學校高等女學校之生徒。心身未臻成熟。不得爲獨立生活者皆是。有意之作用者、如父母教師。教育兒童。使能玩索用意之所在。不含有不知不識虛渺之事。教育一事。右雖常用。而意味甚狹。推廣其義。舉凡可以爲兒童發達之影響者。統堪稱爲教育也。則社會之感化。自然之觸動皆被包容其內。然吾之所謂教育者。爲淺近教育。如社會自然所受之影響。雖關於教育甚大。徒執此不足爲眞教育之取法。

社會之感化
自然之影響

第二章　教育之目的

教育之作用。非目的也。教育之目的。發達兒童之天性。可以爲個人。可以爲社會一員。造成完全人物之根本。

教育之最高目的

所謂個人完全者。心身俱臻發達。在身體各部安合而強健。在心意具必要知識。有高尚美感。秉圓滿道德而已。心意貴於身體。道德貴於知識美感。而最貴者惟道德。道德之名。教育之最高目的也。低目的爲達高目的方便階梯。其結局終歸於最高目的。僅以身體發達爲目的。不遑他顧。未足云眞教育也。彼祇以知識美感爲教育者亦然。眞教育所以優於人間萬物者。以道德爲最重至高目的也。夫身體知識美感之發達。亦可成完全人物之要素。但恃爲達於道德之捷具則非矣。

國民教育

人旣成爲完全之個人。不可不爲社會之一員有用之人物。教育者、不僅着眼於個人完全。即於社會之一員有用之人物亦當留意。社會云者、家族國家人類之共同團體也。國家最重社會。而於教育上特注力。吾人祖國之國民也。吾人之身心。即國民之身心也。如力造此性質。國民教育。其在斯乎。

人生之目的與教育之目的

完全人物。無人不宜求之者。則爲人生之目的。而教育在未成人時。即力望達此目的。則不得爲人生目的矣。又可謂爲教育之目的。行教育時期。自有定限。於此時期。使達於人生目的。固不可望。然教育之目的。則使未成人達於自立之域。考究人生目的。以造成適當基礎。而不無其終局。人生之目的。教育者雖不可不察。若與教育之目的同視則誤矣。

第三章　教育當行之時期

人心發達不絕者也。教育即助此發達之作用。欲接續此發達。則不可不接續此教育。心身發達。自有成熟之期。達於此成熟期。而後發達之作用。遂專形於自省而行。或學者負此狀態。謂教育由己者有之。不知教育必待他助爲作用。則由己之說。非適當詞矣。教育者自人出世。始以達於成熟期爲終。而成熟之時期。因天禀習慣男女外圍等事。人各異性。且漸次變化。尤難確限。是以手教育者。不得不有所調度。然於學問上主張以學

成熟期

大體之標準。則男子以二十四歲。女子以二十一歲爲成熟期。教育時期。大抵分爲二期。一爲普通教育期。二爲特殊教育期。普通教育期者。普通業務當共通其門徑。即爲世人爲國民施一般基礎教育之時期也。自誕生始。經小學校。繼續至男子中學校。女子高等女學校卒業而後。特殊教育始可行之。特殊職業。必於特殊地位行之。蓋在普通教育期之終頃爲始。繼續而至教育期之終。

教育期之區分

普通教育期。分之而有家庭教育。初等普通教育。高等普通教育。三期。家庭教育期。專施家庭教育之時期也。自初生達六歲。幼稚園扶助家庭教育。對於學校教育爲過渡。欲使成爲圓滿。故設此以保育三歲至六歲幼兒。初等普通教育期。自六歲至十四歲。爲小學校教育時期也。施國民普通教育。兼施特殊教育。與高等普通教育之階梯。但亦有與家庭教育相并行者。高等普通教育期。以初等普通教育之終頃爲始。施普通教育於中等以上之國民。則秉樹特殊之根基。

第四章　教育者

父母

從其自然指示者。兩親教育其子者也。而教育其子。最宜適當其性質與事情。赤子之生也。食母乳。寢母懷。以母爲第一女教師也宜矣。父之嚴所以濟母之愛。父有威嚴教育者也。使一任母愛。往往易成放恣之性。推之即祖父兄姊亦有教育責焉。然此僅言教育於家庭。未足收完全之功。兒童生長六歲。國語算學不可不課業於教授。而行此教授。兩親恐未能專其任。縱能之而人各有常務。難僅教其子。於是教育之專責。不得不賴學校教師。

教師

教師者助兩親教育其子者也。教師與兩親其行雖自異趣。常同一方針。不相矛盾。

第五章　關教育當研究事項

爲人父母者。教育其子也必矣。即不爲教師之人。關教育一般知識亦有

敎育之理論歷史及實際

責焉。況他日可爲人母者。斷在女子乎。關於敎育當研究者。範圍甚廣。今區別之可爲三。一敎育之理論。二敎育之歷史。三敎育之實際。敎育之理論者。就敎育之目的與施用。討究其原則。以著明關於敎育研究之根柢者也。敎育之歷史者。明自古敎育發達以來之沿革。示先人苦心經營敎育事業之實例。爲將來之指鍼者也。敎育之實際者。解釋實際上緣起問題。且鑑觀實際上重要事件。力求原理之適用者也。

此書專爲他日爲人母之女子編述。故論說主於家庭敎育。傍及幼稚園之保育法。與學校敎育之大要。但敎育所關。專在兒童心意。心理學之一班。亦攻究最要者也。

以下研究事項。第一、爲心理之見端。第二爲家庭之敎育。第三爲幼稚園之保育法。第四爲學校之大要。結論則略述家庭敎育與學校敎育之關係。及家庭敎育與國家之關係。

思想感情慾望

第二篇　心之狀態

第一章　心之研究法

心之狀態。浮出吾人心頭。所謂思想感情慾望者。是研究之法有三。第一觀察我心、我思想、我感情、我慾望、我易得知。我今讀書。發如何思想。起如何感情。又生如何慾望。我豈有不知之者然我對於我之心。屢誤於觀察者何也。蓋觀察與被觀察者均爲我之心。一心不可立於二地位。喜怒哀樂。我所以往往昧於判斷也。自負之心勝。其誤觀察也尤易。僅一已觀察之。縱觀察得於正。亦不過一人之心。即極意經營。而眞理見出甚難也。於是不得不生第二法。而觀察他人之心。觀察他人。可依其容貌言語及行爲知之。兒童之心。表出甚明。以其發達之顯著。相對觀察。易於成人。是最不宜忽者。爲人母者。就兒童心狀。特注意之。較讀一篇心理書。其得益反多矣。

主觀的觀察法及客觀的觀察法
心理實驗法

以上二種研究法。其一爲觀察己、曰主觀的觀察法。其二爲觀察他、曰客觀的觀察法。此二種外至於近年。更生心理的實驗法。從來心之狀態。僅觀察於不動。今以物理學。於心之作用。特施試驗。發見確實眞理。即實驗法也。譬如人生感覺。由光音及重而起。覺官上之刺激分量。兼所受感覺強弱之差異。如于其刺激究其差異。[illegible]其特別器械實驗之。此三種研究法當共用者也。

第二章　意識

觀察我心。當先知意識之謂何。意識者。心之淸醒狀態。而知覺不昧者也。如一時睡熟。一時氣絕。心之意識全無。甚至銘釘與罹熱病時。意識亦失。吾人當知心之作用。皆由意識上現出。譬諸演劇。意識等於舞臺。心之現象如優伶。而觀察我心。猶觀優伶之舞臺焉。

意識極明也。如心氣淸爽之候。又極朦朧也。如困魔來催之際。幼兒意識。

雖甚朦朧。從而經年。次第可明。

第三章　注意

意識之明。由於注意之作用。注意者、事物集注我心之謂也。如讀新書異字。心專傾向。傍有喧噪聲亦不暇顧。此注意之特據也。

注意者、外物之刺激引於我心而不知覺者。此注意於自然者也。若閑遊街市。見廣告形之大小。色之新奇。皆特引吾之注意。此主於外物刺激。我不知而被喚起。爲無意的注意。即曰目受之注意亦可也。又值樂趣、或要事爲之注意者。學校之課業是。此注意爲有意的注意。即曰特起之注意亦可也。

無意的注意

有意的注意

兒童經驗尙淺。目見耳聞。皆不奇異。且其心甚纖弱。常爲外界所牽引。故注意多無意者。而無意注意。不能長續。如兒童披畫本見此而忽厭移於彼是也。

知•感•意•

注意者。明意識之源。以心之發達爲急要者也。則宜早力護之。付注意之養護心得事項於左。

(一)刺激幼兒之耳目。貴引其心。若同時置多玩具。適足亂其注意。甚不宜也。當使一時向一物。以專其注意。

(二)教授幼年兒童。宜擇適其心力事項。用實物及圖畫引其注意。兒童所不喜者。不可强使注意。

(三)同一注意事物。不可過久。以疲勞兒童。致注意之作用將衰。宜爲適度之變換。新鮮其注意。

(四)秩序規律。爲保其注意所必要者。宜酌定之。不可不自幼年養其習慣。

第四章　心之三作用

現於意識之上者。爲心之作用。狀態雖多。區別之可分知·感·意·三種。幼兒吸乳而悅。是其感也。識別其母與他人。是其知也。見母乳即欲接口而飲。是其意也。三種之作用。純爲心之作用。自種々方面觀察之。可以類別。決非別有所活動者。如吾人繙一册書。既能理解。必覺一種興味。隨欲三復其書。是知感意三者常連結而爲活動者也。但有時或偏於知。有時或偏於意感。

第五章 感覺

五官之感覺與體覺

知之始爲感覺。感覺者、神經之末端。即五官百體所受之傳達刺激。而發於心之最初狀態也。譬光射於目。音響於耳。皆爲刺激。此刺激傳於神經。由中心達於腦髓。始發此感覺。而感覺又有五官之感覺與體覺之分。

五官之感覺

五官之感覺。曰視覺・聽覺・味覺・嗅覺・觸覺。自外物發射光線入於眼球。散布於網膜面。爲視神經刺激。此刺激達於腦髓時。遂生一種心象。是視覺也。而視覺上被感知之外物性質。如形色及大小等。則視覺又爲知識之源。甚切要也。聽覺同於視覺之切要。受外物之震撼。傳於周圍之空氣。

入耳而刺激於聽神經。此刺激傳於腦。即生音聲之感覺。音聲之感覺有强高及音色之別。譬之砲聲强於鐘聲。女子之聲高於男子。笛音與風琴音異是也。觸覺者、接於物之皮膚。一散布於其面。乃被刺激於神經。此刺激傳於腦而生感覺。如寒暖堅柔粗滑等是也。味覺者、如流動物體。又溶解物體。觸於舌上時。一散布於其面。乃刺激於味神經。此刺激傳於腦而生感覺。如酸鹹甘辛等是也。嗅覺者、如含香臭物體。氣散而觸於鼻腔內之粘膜時。一散布於其面。乃刺激於嗅神經。此刺激傳於腦而生感覺。如清濁穢惡等是也。

體覺

體覺者、自我身體之狀態所生之感覺。與他感覺同。非有特別機關。蓋瀰漫於身體內部。依神經之刺激而起。如身體健否强弱疲勞之度。皆由是而可感知。

筋肉感

筋肉感亦體覺之一種。如我筋肉活動至何程度。或我肢體運動爲何方向。亦皆由是而可感知。

就感覺而言。敎育上當注意。保護覺官。在於練習。爲覺官之保護。宜淸淨而避妨害。於目則烈光塵埃宜避之。於耳則烈音暴響宜避之。幼兒覺官感受力强。最易受害。可特加保護也。覺官又不可不練習。練習得宜。其動機即非常銳敏。如盲之觸覺是也。練習之法無他。在使其適度順序之活動而已。

第六章　知覺及直觀

吾人若見日升東方。非僅生光之感覺也。此感覺當知因太陽而來者。又若聞晚鐘聲。不但生音之感覺也。此感覺當知由鐘而至者。蓋於吾等內起之感覺。歸於吾等外之物體。是謂知覺。以故知覺向於外界。不外感覺也。知覺更進而稍涉複雜。是爲直觀。譬有一懷中時計。錶也眼見之而可知其形。耳聞之而可知其聲。手觸之而可知其堅。種々知覺統合而在一時計。以造成纏聯之心象。此即直觀云。

知覺及直觀與觀念之差異

兒童雖見多物。聞多音。能特注意而爲知覺直覺者甚少也。夫如是則不可不依教育之作用。力補此缺點。補之若何。即爲母者常使其兒童注意於周圍之廣物。漸次養成觀察外物之習慣。如兒童發疑質問。不宜冷視。當懇切說明。以滿足其心。

第七章　觀念

玆一兒童自學校歸。於途次見犬一匹。既至家向其母述其見犬事。彼之心猶瞭存犬之形狀。是離實物後。其顯象居然止於心中。此即謂觀念。觀念譬如寫眞（照像）。又若圖畫。知覺及直觀。猶影映於鏡面。後者（指影映於鏡言）僅於實物之前生顯象。前者不然。（指寫眞圖畫言）即實物既去之後。猶留於心也。

感覺。知覺。及直觀。不貯藏於觀念。則心決不能發達。觀念明確時。心之發達亦從之。欲造明確之觀念。莫若使正直覺。正直觀。兒童之自造觀念。往々不能十分暢遂。父母教師。宜正其誤。補其缺。造其正觀念。

第八章　觀念之再生及連合

兒童遊動物園。始見虎。必就虎先觀察之。漸進至象室。縱不設想所已經見之虎。而究未嘗忘。更進至於獅子檻外。則象之觀念亦去。然彼當其歸路。再見前虎。則最初之觀念。必被喚起。而能確認此虎也。已退之觀念再浮於意識。此觀念之再生云。

觀念連合之種類

再生者、多依觀念之連合而行。連合者、二級數以上之觀念相結而爲群列之謂也。此群列中。一觀念浮於心。連結之而他觀念亦被喚起。譬之硯筆·墨·紙·常陳机上。吾心中連結成群觀念。他日見其一。他亦被喚起而注於懷。連合有三種如左。

(一)依於類似而爲連合者。如羽後之鳥海山。駿河之富士山。(均日本山名)其形相似。見此思彼是也。

(二)依於反對而爲連合者。如見雨思晴。見浪費子思儉約父是也。

(三)依於接近而爲連合者。或在於同時。或起於繼續。如机與書常在同時。雲黑雷鳴雨降常爲繼續。他日見一件亦憶及是也。

第九章　記憶

理解的記憶
器械的記憶
工夫的記憶

豫得之觀念。由靜而再生爲作用者曰記憶。記憶有三種。一爲理解的記憶。即了解其意味而記憶之者。二爲器械的記憶。不拘內容如何。祗以諸觀念接近繼續之故。而記憶於器械者。三爲工夫的記憶。於觀念排列及連合。無特別工夫。不能記憶者。譬如聞修身語。洞悉其理原而爲記憶。此屬於理解的記憶。不解其意味。僅記憶格言文句。此屬於器械的記憶。又就富士山之高。記憶其概數。恰與一年三百六十五日相連合。以年爲十二月。而改爲一二三六五。則與富士山之高略近。如斯記憶。是特別工夫也。此屬於工夫的記憶。

無記憶之頭腦。猶無守衛之城塞。此西人拿坡侖之論。由斯觀之。記憶之

受動他動

作用於心意上極切要也。如何爲學問。又如何爲事業。必待記憶之力。宜自幼養護此作用。遂其十分發達。最良之記憶。不誤確實且易再生。永久不忘。使兒童得良記憶者。當注意於左。

(一)適當兒童之力。僅授以緊要事項。使收得確實之事。

(二)使屢々反復其事。

(三)使記憶於理解之事。

(四)記憶事項當於適度中分節。使其每節記憶之。

第十章　想像

想像與記憶。雖均爲觀念再生之一種。特記憶非生於不動。實變觀念之組織而生。今易一言。則分解與結合。既得之觀念。不外新造組織之作用。譬如未見之景。僅得傳聞。至是見其景色。必覺有新構成氣象焉。與聞而想像者不同。若想像則又分受動・他動二種。

所謂受動者。如與他人語。感懷記述。想像數千年前之人物。或數千里外之風物。凡外受之想像皆是。所謂他動者。如幼兒集木片。摶沙土。組織家屋與他物形。凡由自己工夫想像而出者皆是。

想像之作用至重。如扳談時。懸想眞見於圖畫上之表出。及是發爲議論。引出新奇意解。皆此作用。使兒童發達想像諸要點如左。不可不注意焉。

(一)知識道德之發達。在使爲有益之想像。一切虛妄務使避之。

(二)童話亦極要事。作用兒童之想像。宜擇其適當者授之。

(三)自然物含想像之材料。以極豐富者養兒童精確觀察之習慣。

(四)與以適當玩具。助發兒童之想像。

(五)使兒童爲隨意之畫。

第十一章　概念

兒童之觀念。自其周圍存在者爲始。今或家飼一色黑毛縮之犬。兒童先

概念
上級概念
下級概念

依此犬形於觀念。有問彼犬爲何如物者。彼必就所飼之犬。舉其形狀性質以對。他日外出。遇種々犬。或色褐而毛不縮。或足短而耳不垂。或面之形。腹之大。皆不相類。然其中有類似性質。本此性質以定一犬。益益顯著。於是更有問犬爲何如物者。彼必舉此共通性質以答。如斯僅提同種同類共通之點。造成心中現象。此即名爲概念。各觀念總括於概念。狹概念總括於廣概念。漸次擴張其範圍。遂成最高概念。譬如兒童兒某犬之觀念。祇依此犬而總括之。由犬之概念。遂概念於獸類。更由獸類之概念。凡生物皆被總括之。如斯總括他物之概念。曰上級概念。其被總括之概念。曰下級概念。

概念者、總括複雜最多之觀念。簡明以保其知識。而有整然之秩序者也。、

兒童專就類似爲總括。誤造之觀念不少。父母敎師務期導達於正確概念。對於兒童之始。不如揭其既成之概念。使自比較而自總括之。依其力

造其概念斯得矣。

第十二章　言語之發達

因觀念成概念之順序。已詳前章。但概念之作用。必不可無言語。無言語之概念。殆不能思憶。言語者不僅對於概念作用爲至要。即人與人思想感情之機關。亦一日不可缺。蓋使用言語。實人之所以異於禽獸者。教育者、宜注意言語發達之基礎。以適當爲指導。言語之始。依幼兒活動性。使發於自然音聲。由自然音聲。漸次發達。遂習成人言語。即爲幼兒言語也。其始止表示個々之觀念。如言及父母。即意味已之父、已之母。此個々之表示。漸次廣其範圍。遂覺多類似者。可適用其言語。母者、幼兒最親近者也。如向他人呼母甚罕見。對於爲父者則異。是有鬚男子或有父呼之時。此無他依多少之類似。廣言路之適用而已。故兒童之概念專就外表依類似爲作用。往々失於正確。隨言語之適用。亦多陷於誤謬。教育者宜常導之。使漸向於正路。言語於未入學校以前。習慣旣早者。爲母者不可不特加指導。幼兒發疑質問。當一々答辨。見有發音不正者。常表出其誤。以矯正之。如速求進步。强授多言。是助苗長者揠苗者也。爲害誠非淺鮮。

第十三章　斷定

斷定

今取一頁白紙。置兒童前。彼見之。當謂此紙爲白。又問彼曰。最愛汝者爲誰。彼必答以母。如斯紙與白。母與愛。連結而定二者之關係。此之謂斷定。然則茲所謂紙者。就兒童所見之紙。母者亦指兒童之母。而共成個々之觀念。白與愛則反乎是。亦可以之共成爲概念。此二斷定可謂觀念與槪念連結而成者。雖然、紙非僅現見者也。他紙亦有云白者。此間成爲紙之一種槪念。而此斷定可謂槪念與槪念連結而成者。以故斷定者。觀念與槪念。槪念與槪念。爲心之作用也無疑。

肯定斷定

斷定有二種。一曰肯定斷定。示二

否定斷定

前提
結論

者爲一致者也。如墨則爲黑云。二曰否定斷定。示二者非一致者也。如墨則不白云。

兒童自加斷定。誤者甚多。父母教師不可不正其斷定。欲正其斷定。必明確其要素之觀念與概念。若兒童誤斷定時。其始莫如全非認之。設種々問題。使自發其誤。爲發達斷定之作用。務期兒童自斷定之爲愈也。父母教師依適當考問。執兒童切近者。使其斷定。再取他人之斷定。於其間使自究察而心裁之。斯得矣。

第十四章　推理

推理者、連結二級數以上之斷定。更作出新斷定作用之謂也。例如「大凡魚者、皆住水中者也。」此謂之一斷定。「又鯉者、魚也。」此謂之由斷定連結而爲此二斷定。「又鯉者、住於水中者也。」至是乃生此第三新斷定。夫因始而知二斷定者。曰前提。終則新作斷定者。曰結論

演繹推理
歸納推理

推理有二種。演繹推理及歸納推理是也。演繹推理者。自涉一種斷定。下而推及範圍狹小之地。屬於前擧例。歸納推理者。反是自狹小範圍之斷定。涉一種顯明斷定者也。例如左、

此鐵、彼鐵、及某鐵。有付引他鐵之力。

此鐵彼鐵、及某鑛、磁石鐵也。

故磁石鐵、有引付他鐵之力。

推理者、以二個之前提與一個之結論。爲完全形式。然實用則省略前提。一例如「彼以少年、而記憶强。」此所謂用於普通而爲省略推理也。若完全之形式。則改爲「少年者記憶强、」「彼少年也。故記憶强」。

發達推理之作用。在導兒童使自推考。父母敎師。適當兒童之心力發問。漸以啓牖之。使彼自見眞理。始則依於歸納推理。使會一般之原則。後依演繹推理。使適用於個々之地位。歸納演繹當兩々相俟以進。

思念

概念、斷定、推理、三作用、曰思念。又曰思考。思念者、知之最高作用也。人之賢愚。職此作用不少。教育宜特爲注意。行常練習。

感

第十五章　感

若夫感覺、知覺、記憶、想像、思念之作用。心依於此。或感快或感不快。名爲感。或云感情。如見旭日之皎々。或入浴而覺快。是依感覺所生之感也。回憶既往之經歷。想像未來之行程。或喜或悲。是依記憶想像所生之感也。又如觀植物。先作個個之觀念。次概括之。類分之。而愉快生。是依知覺思念所生之感也。

感覺的感
精神的感
情操
情緒

感者雖歸宿快與不快二種。就其原因狀態考之。則甚駁雜。如嘗美味。嗅佳香快矣。觸寒冷。聞喧聲。又不快。是直接所生之感覺也。又如慕遠友。耽究學。是主於思想而生者也。前者（指美味等言）曰感覺的感。後者（指思友言）曰精神的感。精神感中。其高尚者曰情操。其稍低者曰情緒。情操與情緒。後章別述之。

感覺的感爲感中最純一者。而程度則甚低者也。雖然、人離肉體不能生存。無論何人斷難絕對而脫此種感情。父毋教師宜適當範圍中與以此種快樂。使兒童常具活機。但此種感情往々易流放恣。因其程度而預防之。自幼年宜養育其節制之習慣。

第十六章 情緒

情緒者、依思想所生之感情。較感覺的感而不純一。又較情操之感而不高尙者也。譬因得親友書而生喜悅。憶已往之苦況。慮將來之不幸。人譽我則樂。人悲已亦悲。皆情緒也。

情緒甚複雜。未易明確表出之。舉其至顯者。則爲喜悅·忿怒·愛好·憎惡·憂愁·恐怖·希望·名譽·傲慢·嫉妬·同情·反情。是也。

良情緒、宜發揚之。惡情緒、宜抑制之。忿怒·憎惡·憂愁·恐怖·怨恨·傲慢·

嫉妬·反情等務專其抑制。喜悅·愛好·希望·名譽·同情·等至適度之所務期其發揚發達良情緒當與以興起之機會使反復之抑制惡情緒務避其機會不使發見或興起良感情以鎮壓之。

第十七章　情操

知感　美感　德感　宗教感

情操者感之最高尚而最複雜者也有知感·美感·德感·宗教感·四種之分。

知感者、依於知識而生如學新事作明瞭思想得確實眞理時覺愉快反是而思想不明眞理不確覺不愉快皆是也。

美感者、依自然物或人工物而生如見山水之美悅之見書畫之美樂之皆是也。

良心

德感者、即好善惡惡之感而善惡有屬巳有屬人者就己之善惡而生感爲德感此曰良心。

發達四種感之要義

宗教感者、對神祇而生崇拜依賴之感也。人雖有智能。無如天命何。以故不信特種宗教之人。每逢吉凶禍福。對天命必起一種感情。是即宗教之感也。情操者、所以使人爲高尙生活。達於眞善美境。凡在家庭。在學校。務及早涵養之。發達知感。當指導兒童。使常起此感情。兒童發疑質問。諄切說明。以滿其好奇之心。復適其心力。與以研究。答正者稱讃之。令益奮勵。斯得矣。發達美感。宜急爲秩序養淸潔之習慣。注意於室內之裝飾器物之整頓。衣服之淸潔。再授以語法·作文·圖畫·唱歌。常令發揚此感情。德感乃道德之源。涵養之。較他尤重。發達此想情。當授以道德美談。示以良善之模範。宗敎之感。應於發達之程度。而由已生者敎育上對之宜注意。勿使陷於迷想。

第十八章 意

意者、對於活動心之努力。如兒童飢則求食。倦則欲遊是也。生意原因有

知感爲意之原因

二種。一爲知。一爲感。知者示意之目的。或示其方針。如兒童之欲遊者。既知何所爲遊。且知當如何遊。是然知之而不兼之以感。必不生活動力。生活動力之眞源即感也。吾人日々營々而爲活動。種類雖不同。然無不原於感。感高尚而强。意亦因之。教育者不可不依高尚之感。而生高尚之意也。

欲望意志之分

意。原於知與感之義。雖如右所述。尙有未發達而原因不明者。衝動及本能是也。意之稍進者曰欲望。其完全者曰意志

第十九章　衝動及本能

衝動者、心身自然之朦朧努力也。衝動之起。先感不快。而後力去之。如兒童飢求食。渴思飲。厭閑欲遊。知新是求。皆衝動也。所謂朦朧衝動者。對於其目的物。而未有觀念者是。若考求特種食品。即不得謂純然衝動。純然衝動。無論感何不快。即欲去之。如赤兒飢而泣。聲發其情近之。

觸憶目的物

偏向

行爲

熟考決斷

本能猶衝動。生於自然之活動。但不如衝動意識。毫無活動機能耳。赤兒之生。有哺乳之活動。蓋赤兒之身體。自始造此活動。具此傾向。應其必要。生於自然。彼動物之活動者。多依本能運用之。若鳥之造巢。蜂之貯蜜是也。

第二十章 欲望及意志

欲望者、衝動之發達者也。衝動雖無目的物觀念。於欲望則有之。例如兒童擇美食。要求之。是爲衝動之欲望。而望欲之更發達者。爲觸憶目的物。從而想像之。心身未要求者。亦因之而生。如依故鄉書而望歸省。憶權門富貴而望榮達是也。欲望之反復而成習慣者。曰偏向。如嗜酒煙。好漁獵。是偏向者。一基於天性。一基於習慣。敎育者、宜早注意。勿使浸潤於惡癖。志意者、欲望之更進者也。當起欲望時。先考其得失。次究其利便。然後決行。是云意志。而表於言動者。則爲行爲。志意之作用分二段。一熟考。一決

輕率
狐疑

品性

知的陶冶
德的陶冶

斷。熟考者。秤量利害得失。探求捷徑。達於目的之謂也。決斷者、熟考之結果。或擇選目的而決行之之謂。熟考不足者、曰輕率。決斷不足者、曰狐疑。輕率與狐疑均須避之。

意志行爲。依於一定。至具一種性格。此名爲品性。陶冶道德的品性。爲敎育最高目的。意志之敎育。敎育上最要作用也。但意志之敎育畢竟不外乎德的陶冶。

第二十一章　知的陶冶及德的陶冶

知·意·感·之爲何。既述之矣。敎育當注意諸點。亦略示之矣。今總括之。宜對敎育明其關係。對於心意發達。敎育之作用者。分作二方面。一爲知的陶冶。一爲德的陶冶。

知的陶冶者。完全知之作用。同時收有益知識。加於敎育作用之謂也。等於身體之活動。在多使心意之活動。以益其強健。知的陶冶。要一在應兒童心力多活動之感覺知覺。乃知之源泉。其銳鈍爲將來發達關係。自幼年必宜鍛鍊此作用。知識之範圍甚廣。究難洞悉無遺。授兒童知識者、貴精選。於十分徒授以多識。反有害也。知的陶冶。雖主行於學校。於家庭部分亦非小。入學以前爲知之根本。感覺知覺十分活動時期。在家庭當早注意。對於知之發達。造置確實基礎。

德的陶冶者。本感與意而成道德的品性之謂也。道德品性。常依道德主義。玩索作用之確實意志也。陶冶道德的品性。一與以道德上有益知識。示以良善模範。一常使實行道德。造成良善習慣。幼年感染習慣。易留根蒂。則習於善行。宜自早養育兒童。事々習人行動。父母教師。尤當自敦實行以作模範。

第二十二章　心身之關係

心意無形而身體有形也。性質雖不同。其間有密接之關係。身體健全。心意亦爽快。身體疲勞。心意亦困倦。身體之變狀。直影響於心意。此吾人所常經驗者也。心意有異狀。亦必影響於身體。故心快々不樂時。身體亦少動機。暢快透明時。身體亦增活氣。心意與身體。有密接關係。推其故皆因感覺與運動而生。外界之刺激。加於身體一部分之覺官。而生一種變化。此變化傳感覺神經。達於腦髓。則心意亦生一種變化。遂成感覺。是即自身體及於心意之影響也。反是造一種變化於心意上。此變化經腦髓與運動神經。達於筋肉。遂生運動。是即自心意及於身體之影響也。人者。因心意與身體成立。其關係之密接如前。則身體之敎育。心意之敎育。不可不相須而進。益自明矣。

第二十三章　男兒及女兒

男兒女兒性質各異。概言之、女兒感受力强。男兒自動力盛。女兒感情想像强。男兒思念意念盛。女兒忍耐力强。其行爲多依感情。男兒忍耐力弱。

其行爲多依理想。然此特徵幼不顯著。自小學期終頃。漸々表出。長益分明。

男女之職分

就小學校教科之嗜好。見男女之差異。男兒概以算術·理科·主理想者好之。女兒概以地理·歷史·主記憶者好之。男兒女兒各有特長。又各有弱點。男兒雖優於意强。易流粗暴執拗。女兒雖優於情濃。不免柔弱偏癖。男女異性。是生物之自然。其職分亦因此而生。男子在外有社會之業務。女子在內任一家之整理。教育者發揮男女之特性。宜完備其盡職分之性格。復矯正其弱點焉。

第二十四章　個性

個性
天禀外界

天下人心。雖多一致。然各有特具性質。人心不同。如其面焉。縱有相類亦決不能全同。區別個人與個人獨有性質。名爲個性。個性之生也。一由天禀。一由外界事情撼異其表見也。即由知·感·意·三方面。在於知者有感

四種之種氣質

覺知覺之鋭敏。記臆之强。想像之巧。思念之秀。在於感者。有情緒之殷。情操之盛。在於意者。種類亦强弱不同。

個性者因種々以成。不能明確分其類。自昔西洋分人氣質爲四種。膽液質。多血質。沈鬱質。粘液質是也。膽液質者。感奮於事物速而强。實行力甚盛。自古俊傑人物。多具此性質也。多血質者。感奮於事物雖强。消散之亦甚速。譬之藁火。縱一時灼々。須臾即失其光。沈鬱質者。雖不易奮興。一旦興奮。實行之力甚强。英國人大概具此性質。粘液質者。於四種氣質中最劣等。興奮於事物甚鈍。其行爲亦不甚活動。此氣質於怠惰兒童多見之。父母教師。當十分觀察兒童之個性。明其長短。長者益助長之。短者漸矯正之。

第三篇　家庭敎育

第一章　家庭敎育之必要

家庭敎育者。於家庭所行之敎育也。家庭爲最初之敎育。且又繼續最後者也。自時間上觀之。再即影響之大考之。家庭敎育於敎育作用中實占緊要部分。兒童將來之幸不幸。關於家庭敎育之如何。故人成於良家庭者。自具高尙之氣品。反乎是。受於惡家庭。則不善之習慣永留也。

家庭敎育約三種。有行於入學前者。有與學校敎育並行者。有行於卒業後者。而其最切要者。在入學以前之敎育。何則、最初之敎育。兒童心未堅定。遂加此第一着。其影響之大。固非他所能比。然則爲人母者。宜注意此時代之敎育。其在於學校敎育並行者。貴與學校敎育相連合。斷不可矛盾於其間。在卒業後之家庭敎育。爲補習學校敎育之時代。兼爲入社會作生活之准備者也。

三種家庭敎育

養育敎授訓練

家庭敎育。在入學以前。專敎養身體與道德固也。然謂於知的陶冶無甚關係。是又大誤。要知敎以文字。凡可爲知識基礎。知覺直觀者。實陶冶於入學以前之家庭敎育。普魯氏曰、兒童初三年所學習者。較後三年入高等學校所學習者更要。誠哉斯言。

第二章 家庭敎育之作用

敎育之作用有三。養育・敎授・訓練是也、養育云者、使身體爲健全之發達。即平日直接之作用也。如與以適當衣服。及吸引空氣。淸潔皮膚。獎勵運動。豫防疾病。皆屬之。訓練云者、造良善之習慣。即於兒童素昔之意志行爲。加直接之指導也。如命令・勸戒・示例・賞罰・皆屬之。敎授云者、傳達知識技能。而陶冶感情之謂也。如授以修身・國語・算術・諸等、敎科均屬之。

右所舉三種作用中。敎授多行於學校。養育與訓練多行於家庭。身體之健弱品性之善惡。多依家庭。則家庭教育平日之養育訓練。不可不專注意矣。關於教授者。授以語法練習直觀。及授以簡單之語。而爲學校之準備。就既入學之兒童。對於學校所學之課業。當爲適宜復習。此家庭之職分也。

如前所陳。在家庭雖與三種作用並行。於實際上不能明確區別者。亦不少。譬之定時與乳。自養護身體上觀之。固屬養育作用。而自造作良習慣上觀之。則又屬訓練作用。如斯則三種作用。互相交錯焉。故以下所述。不區分此三種。專舉家庭當行之主要事漸次說明之。主要事者何。身體養護·遊戲·手技。說話·命令·賞罰·是也。

第三章　身體之養護

身體養護者。保護兒童身體。使遂其健全發達之謂也。養護身體注意之要點如左。

營養

第一宜營養適當　如蒸氣機關。當供給水與石炭爲必要。人之身體。續其生活。其材料不供給亦不可。是即營養也。就營養注意性質分量。宜適兒童身體。對兒童所供材料。貴依發達程度而異其趣。凡生一年間。消化之機關甚弱。以齒未全。唾腺無作用。胃腸無分泌消化液也。母之乳當此時爲自然食料。爲人母者。乳子實要必得。務以己乳而育己子。若母體病弱。或乳腺涸渴。不能分泌乳汁。亦爲子害。則不可不使飲牛乳。與他人乳。牛乳者、近似母乳。於此時爲適當之營養。飲他人乳。須採似母乳者。二歲以後。使食普通食物。而酒類與茶味。有激性者。即滿二歲亦不可用。欲營養而有效果。則調理方法。溫度。差池必宜注意。調理貴助消化。適溫度。如熱物冷物引續而食。對於胃齒有大害。

營養之分量。當依年齡·活動·四季·及體格。而異。兒童食慾無制。供以如何分量。甚難豫定。兩親注意營養之結果。必適當其分量。常用食物。

雖告滿腹。無妨再給。非常食品。與屬特別嗜好者。不可一任兒童之食慾。食事時間。正其規則。是不特養護身體。兼可養成善良習慣也。蓋食量過度。助其擇食之恣意。食之時過遲。起其貪食之惡慣。然則自哺乳之時。早設一定規律。至於長成。於普通食料三度外。中間許其二小食。其他可勿與也。

如右所述外。關乎營養者。食事前後。心身使避刺激食事之中。勿喧騷。勿躁急。使得平和爲適當之咀嚼是已。

呼吸

第二　宜注意空氣呼吸　空氣關於人體。不讓營養。關於空氣宜注意者。當清潔以保適當之溫度。清潔空氣。未曾包孕有害瓦斯。及一切塵埃。是以保清潔空氣。於室內之容積。與周圍之通氣。不可不極於十分。室內空氣。適當之溫度。在靜坐時。宜從攝氏寒暑表自十五度至十六度。若運動及眠時。當從低度。如自溫暖空氣。急觸寒冷空氣。甚有害。宜避之。人惟烈風雷雨。或寒暖過度。不可外出。其他皆可受溫暖日光。觸清爽空氣。於空氣新鮮之所。養成其呼吸之習慣。甚有益也。負背幼兒。壓迫其胸部。或着狹小衣服。有妨呼吸不少。故幼兒不可負。衣服須寬濶。

皮膚

第三貫養護皮膚　皮膚者、排泄不潔。清潔血液。及蔽身體外部。有感覺之機關。誠緊要作用。則自幼時不可緩於保護明矣。養護皮膚法。在沐浴拂拭。臻於清潔。用適合之衣服而已。而浴湯要適宜溫度。衣服對於氣候爲變化。保護身體者。因四季氣候·年齡·健弱·等。自不得不異其趣。兒童衣服過厚。易弱其皮膚。亦不宜失之過薄。衣服無怠澣。常注意保清潔可也。

運動

第三使爲適當運動　運動者、速血液循環。高身體溫度。早物質交換。對於營養。可健筋肉。安睡眠。爲發育身體不可缺之事。故運動爲教育者所必注意。以適兒童之發達也。身體各部之活動。勿偏頗。勿過度。赤兒之生也。僅能運手足。經四五月。始學坐。未能步行以前。常匍匐前進。及筋力漸加。先學賴物起。次賴物而學步行。然後得獨步行。步行大抵在生一年後。然必視發育如何。較此後者亦不少。發育未至十分時。用種種方便法。强使步行。大於脚部發育有害。在家庭保護兒童身體。貴因自然發育。使爲活動。兒童稍長。得自由活動。則敎以遊戲。率之散步。遊戲及散步。不惟發達身體。並發達心意。

睡眠

第四使爲適度睡眠　睡眠者、對於身體之發育。及腦髓之休養。爲極要者也。兒童睡眠時。亟宜安靜。不可以騷音破其耳。寢室須遠溼氣惡臭。室內宜廣。且保適當之溫度。靜四圍存儲。淸潔乾燥空氣。開窗漏風之所。睡眠不宜也。而惡蒸發物。及盆栽等。尤當避之。臥床勿過暖。亦勿

玩具

過冷。用柔和適於體者。幅及長不可失之短。兒童愈幼稚。睡眠之分量愈多。初生一年間。一晝夜十六時乃至二十時。次三年間十二時乃至十五時。漸減至九時或十時。達於成人七時至八時止。幼兒愈康健愈易眠。用唱歌·或搖籃等。更易促其睡眠。反乎自然者。有害兒童發育之說亦有之。

第四章　遊戲及手技

欲兒童之活動。等於其營養。若心身不使其滿足。彼兒童苦無事。必起種種慾望。生不良結果。然則應兒童發達程度。教之遊戲與手技。爲必要耳。游戲兒童所最悅。教育上緊要術也。兒童遊戲時。不暇起他慾望。心身因之發達。養成愛活動之習慣。游戲器械。可用適當兒童發達程度之玩具。不特無害衞生。且得種種活動。僅悅兒童耳目。一握即破損者。非適當玩具也。與玩具相度時機。一時不可多授。多授則兒童迷於選擇。至妨意志發達。兒童漸長則因自由之遊戲。進而爲秩序之手技所謂紙細工·粘土細工是也。手技·練習兒童手眼養其不耐勞力之習慣。誠教育上極要之點。但作手技時。因便宜而施指導。勿令蹈於謬路。其困難部分雖助無妨。悅成功必愛勞働。若屢試屢敗。必至倦忌其所從事。

手技甚多在保育者相機爲之

第五章　言語

兒童好自語。又好聞人語。具此性質。故易學言語。收得種種知識也。父母當利用此性質。試以自由說話。再時授以有益言語。滿足兒童之心。啓發其智德。

言語關係智德發達。當愼擇其材料。適當之言語。一事不妨分授幼兒。最悅寓言·童語。寓言者以他事爲敎訓之目的。明其寓意。如兎、龜競爭是。童語異此。想像自由。非如寓言明寓敎訓之意。如桃太郎之話。是敎育上用寓言童語。雖不無反對意見。而啓兒童興味亦不少。審愼選擇。避其弊

寓言及童話

害。如殘刻與繼母子關係之言語。啓發惡感者皆避之。

言語務祛邪氣而起快活感情。凡起恐怖情者。不當授於兒童。

第六章　命令

命令云者。指導兒童行事與否之謂也。兒童幼時。就善避惡之能力。猶未發達。縱放往往陷於邪路。於是藉命令。指揮其行事。命令爲教育手段最簡易者。然不適其當。亦生弊害。命令當注意者如左。

命令詞

第一命令詞貴單簡有語勢。不可失於冷刻。　單簡語勢之命令。擒捉童心之力最大。使彼必從。然語氣冷刻。則不宜也。命令不必示以理由。若明理由。求其服從。兒童或出反對意。試其反抗。周賴野魯嗎爾曰、與以理由則服從自由。誠至當之論。

命令事宜

第二命令事宜適合教育目的。不可僅副偶然要求。　於教育上一無效果。是有害命令。無論如何命令。必適教育目的。如因一時感情而爲

命令前後

命令度數

命令實行

道德感情

無理命令。決不可也。

第三命令事前後可統一。　兩親命令。要基於同一。勿互衝突。又時間不可矛盾。知母令父禁。昨命今禁。兒童迷所適從。較之全無命令者。反生有害結果。

第四命令度數宜節。　命令過多。則兒童事事必待指揮而後行。自此成爲習慣。至失自動精神。

第五命令事使實行。　發命令不顧結果。不若其始不命令。兩親當注意。命令能實行與否。有不能實行者。宜洞考其故。以悉巔末。

第七章　賞與

兒童爲善自滿足時。心內必感一種愉快。此愉快即爲道德感情。依此感情所生者。即爲眞正道德。雖然、幼年感覺慾望甚强。道德思想尚未發達。前之感情。其勢力弱。於是用稱量賞與以鼓勵之。賞與輕者。於顏面上表滿足之意已可。不可過加稱讚之詞。然此非普通賞與也。普通賞與。獎以物品滿足其意。

賞與必要。雖如右述。而適用不當。弊害隨之。將皆趨於因賞爲善。而目的與方法。乃至位置顚倒。賞與如藥石。投之不宜。不惟不見效。反流毒於身體。行賞與之大要如左。

第一賞與不宜多　賞與屢行。易殺效力。否亦增長兒童慢心。

第二賞與貴視兒童努力對於特別行爲而行　兒童當爲者。無待賞與。然兒童有特別功績。有時亦可賞與。不得賞與。則凡事無傾向心矣。

第三賞與物品貴觸高尚感情。　賞與如菓物可滿兒童食慾玩具畫紙。可悅兒童感覺。皆滿足其活動心者也。應於兒童發達程度。適宜用之。總以滿足高尚感情者爲最得體。

第四賞與物品可對其行爲有自然之關係。　譬如賞奮發者以休息。

賞誠實者以信用是也。

第八章　課罰

課罰

兒童有過。與以痛苦感情。使力避罪惡者。是謂課罰。課罰目的。在於遷善。故行課罰。先注意於左二事。

一兒童不幸偶犯過失。當定如何課罰。

二依此課罰得達目的與否。

課罰爲非常手段。用於不得已時也。若別有良圖。可救兒童惡習。課罰決不可用。

名譽自由及體罰之三種

課罰分三種。名譽之罰。自由之罰。及體罰。名譽之罰。依於名譽感情。使知痛苦。在家庭不用此課罰。自由之罰。束縛兒童。不得自由活動。活動兒童所愛。禁之則覺痛苦。如禁出戶外。與禁朋友訪問。固無妨也。體罰者。與以身體上之痛苦。如執拗反抗虛言等。矯正其罪惡。用於最後之手段也。然

虛言

輕躁

施體罰時。亦不宜害兒童健康。撲頭之責。中國日本嘗行之。此危險之法。猶不若捻其皮膚。似無害而有効。

第九章　家庭當遏惡習

家庭教育。養善習。除惡習。同時並行。惡習雖多。其易犯者如左。

第一虛言　虛言·罪惡也。虛言成習慣。罪惡愈大。虛言爲兒童易陷之事。等閑視之。有妨教育作用不少。虛言原因。有逃罰者。有名譽心高。傲慢心深者。有貪慾心重。欺人自快。起於猜忌者。教育者宜究其原因以矯正之。

第二輕躁　輕躁亦教育上當防之惡習。兒童行爲不計前後。動一時感情。常爲輕舉。由於好奇心盛。無確實思想。自制力不足也。輕躁結果。易於失敗。雖不無將來之戒。僅屬自然教訓。仍不足恃。兩親對於兒童。當養其熟慮習慣。以除輕躁。但不可有害活潑。

懶惰

第三懶惰　惰懶較輕躁尤劣。輕躁猶含生機。懶惰不然。除安逸外。他無所求。懶惰原因有三。一基氣質。一基疾病。一基活動缺乏。基於氣質者。去之甚難。以大忍耐力當之。亦有矯正之望。因疾病者。先療身體。次復元氣。因活動缺乏者。與適當職業以防之。比至養成活動習慣。即與安逸反覺痛苦。

第十章　有家庭教育之責者

父母

第一父母　家庭教育之主權。在兩親。無待言矣。夫兩親爲子之自然教授。可謂應盡之義務。難移之權利。然不僅有教育義務權利。又具適當教育之性質。幼兒纖弱。離兩親不能生存。故奉命令。從訓戒。兒童除不得已外。不可使離兩親膝下。西洋諺云。養兒如養花。遂其滋生。無妄移植。若兩親共死亡。或罹重病。雖亦有教育於他人者。然其他仍當使在兩親膝下。

情義在母

主權在父

兩親之中最理解兒童及爲兒童所理解者母也母教育所長在愛情摯用意密而所短易流姑息及威嚴不足爲人母者鑑己之短擴其所不足可也母又言語教授也兒童喜仿人語母言尤易仿傚爲母者言語之出勿爲卑鄙勿爲曖昧以示明瞭純正模範更當矯正兒童俾歸範圍兒童漸長始從父教然父常外事業務則兒童所馴莫母若且一家主權在父兒童畏之是以能養順從之德一任母愛增長放恣殆無底止但父母教育不統一不可如父禁母許父賞母咎有害發達誠非淺鮮

祖父母及兄姊

祖父母爲家庭之顧問元老

第二祖父母及兄姊　兩親外有關係兒童教育者祖父母及兄姊是世界中爲祖父母者多關係家事不知對於孫兒教育有大影響愛孫勝子世間恒見然易流姑息往往恣孫兒所欲爲有妨父母教育不淺祖父母當自知爲教育顧問慎勿爲教育之妨何則祖父母閱歷幾經

爲家庭元老兒童之父母時請其教者也。若夫兄姊爲弟妹先輩時依父母之命任看護之責。其影響尤著。爲母者知兄姊於弟妹責重。是以常期爲善良之感化。

乳母及婢僕

第三乳母及婢僕　人母以已乳而育已子。無貴賤貧富皆然。然或有疾病與他故。不能自乳。勢不得不養以牛乳。或乳母。用乳母乳。最爲教育上不可恃之策。注意選人。方能有効。擇乳母法。貴身體康强。有良乳汁。尤貴心性善良。婢僕對於兒童之影響。不可輕視。故傭工亦當擇善。

兒童當重婢僕

兒童愼勿恣意役使。蓋婢僕父母之婢僕。非兒童之婢僕也。

第四篇　幼稚園保育

第一章　幼稚園之要義及目的

兒童六歲以前。教育雖專屬家庭。然家庭中兩親多從事業務。不克注力兒童敎育。縱得注力而稍長兒童之完全敎育。多特別技倆與特別設備。普通家庭。恐不能應此責任。且也人當爲社會生活。其習慣須早養之。家庭敎育法。實難周備。幼稚園即爲補此缺點而設者也。內收容滿三歲及達學齡之幼兒。其一助家庭敎育。其他准備學校敎育。而目的在發育兒童體質之健全。練習覺官。助心力發達。及造良善之感情與習慣。

第二章　幼兒保育方法

四種保育法

發達幼兒身心活動者。在幼稚園。專令幼兒學體育。爲保育主眼。保育法有四。遊戲。唱歌。言語。及手技是。

游戲

游戲。助身體發育。並快心意。養共同和樂精神者也。游戲有二。一隨意

二種游戲

游戲一共同游戲隨意游戲使幼兒任意游樂之謂。此游戲當注意者如左。

一指導遊樂。必使任意活潑。

二不可妨害他人。或損壞物品。且養其處理自己使用物品之習慣。

三避身體上及心意上有害事。

共同游戲者集多幼兒共同游樂之謂也。共同游戲時。當誘兒童服從共同規律。兼發表游戲之形。使動作近於自然。

唱歌

唱歌者爲快幼兒心意。練習聽覺與發聲器者也。唱歌材料當應幼兒嗜好。歌詞唱譜宜採平易。用繪畫以明之。復令共同游戲。喚起興趣。

說話

言語。啓發幼兒智德者也。其方法與家庭略同。唯不無大同小異之處。

手技

手技。以練習手眼。養觀察工夫。資心意發達爲要旨。手技如雙環·結紐·

三種手技

綵畫·縫紝·豆細工·粘土細工·疊紙等是。手技有三。有因幼兒自作者。有基於話言唱歌與他見聞。指導幼兒觀念者。有示手本與實物者。第一第二法。爲幼兒活動自在。第三法雖時用之。若反幼兒興味。則陷抑制活動之弊。

第五篇　學校教育

第一章　學校教育之要義

學校教育。與幼稚園教育略同。蓋以爲父母者。教育其子。無確當知識。或從事業務。不能教育其子。及不能習社會生活。此等缺點。於家庭教育多見。則學校教育。較幼稚園爲更切矣。

學校初級爲小學校。進而中學校。高等女學校。更進而高等學校。大學校。與實業學校。專門學校。皆依個人性質。與事情修學年數種類不一。小學校教育。則盡人必受者也。

第二章　小學教育之要旨及方法

小學校教育目的。施一般國民基礎教育者也。基礎教育者。養其後來進境素力之謂。又爲入高等學校者作階梯。爲出世者修準備。小學校令第壹條本旨如左。

小學校。以發達兒童身體。基礎道德教育。與國民教育。授生活上知識技能爲宗旨。

此規則所定。以道德教育之基礎。國民教育之基礎。及授生活上知識技能三者爲達此目的。而身體發達。亦當留意。道德教育者。爲人生目的。陶冶最切要道德品性之謂也。國民教育者。使一國國民具生活必要之性質者也。以上二者。均加基礎二字。蓋以僅如此。尚非完結教育。詳言之、或入高等學校。或在家庭。或在其他。更要示以多數修養。爲基礎修養時。適合於實際上生活。亦緊要之事。故第三章專講生活知識及技能之傳達。小學校教育法。雖不外養育教授訓練三者。而學校所行主要作用。在教授訓練。

第三章　教授

教授之意義

第一教授意義　教授者、形成思想。傳達技能。修練身心。因材施教之作用也。思想之形成。爲整理兒童既得之經驗。造正思想。傳新知識。廣思想範圍之謂也。技能之傳達。如授以圖畫·唱歌·體操·收得其益之謂也。心身之修練。爲反復·應用·練習·此形成思想。及傳達技能。心身自在活動之謂也。而教授作用。所分三項如左。

三項教授作用

一整理既得思想。

一傳達知識技能。

一練習知識技能。

因材施教之作用者。教授者因人目的教授之。使達此目的之謂也。人不存何等目的。即不能立何等教授。漫然而行。非眞教授。

教授之材料

第二教授之材料　教授之材料。以教育目的與身心發達程度定之。

日本小學校法

日本小學校。以發達兒童身體。授以道德教育。國民教育。並生活上知識技能。爲達此目的。所定教科目如左。

尋常小學校

修身·國語·算學·體操·圖畫·唱歌·手工·裁縫·

課程表如下。

(甲)尋常小學校敎科課程表

(小學校施行規則第五號表)

學年／教科目	每週教授時數	第一學年	每週教授時數	第二學年	每週教授時數	第三學年	每週教授時數	第四學年
修身	二	道德之要旨	二	道德之要旨	二	道德之要旨	二	道德之要旨
國語	一〇	發音假名及近易普通文之讀方書方綴方話方	一二	日常須知之文字及近易之普通文讀方書方綴方話方	一五	仝上	一五	仝上
算術	五	於二十以下之數範圍內之數方書方及加減乘除	六	於百以下之數範圍內之數方書方及加減乘除	六	通常之加減乘除	六	通常之加減乘除及小數之呼方書方與加減(珠算加減)
體操	四	遊戲	四	遊戲 普通體操	四	仝上	五	仝上
圖畫				單形		簡易之形體		仝上

唱歌		平易之單音唱歌		仝上		仝上		仝上
裁縫						運鍼通常衣類之縫方		通常衣類之縫方繕方
手工		簡易之細工		仝上		仝上		仝上
計	二二		二四		二七		二七	

（一）及圖畫以下手工各欄爲朱書（凡酌加之科目用朱書）

高等小學校

修身・國語・算術・歷史・地理・理科・圖畫・唱歌・體操・裁縫・手工・農業・商業・英語・

課程表如下

（乙）高等小學校敎科課程表

（一）修業年限二年限之敎科課程表

（小學校施行規則第五號表）

教科目＼學年	每週教授時間	第一學年	每週教授時間	第二學年
修身	二	道德之要旨	二	仝上
國語	一〇	日常須知之文字及普通之讀方 書方綴方	一〇	仝上
算術	四	加減乘除 度量衡 貨幣及時之計算 簡易之小數（珠算加減）	四	小數 分數 簡易之比例（珠算加減乘除）
日本歷史	三	日本歷史之大要	三	續前學年
地理	三	日本地理之大要	三	續前學年
理科	二	植物動物礦物及自然物之現象	二	仝上
圖畫	男二 女一	簡易之形體	男二 女一	仝上
唱歌	二	單音唱歌	二	仝上
體操	三	普通體操 遊戲 男 兵式體操	三	仝上
裁縫	三	運鍼法 通常衣類之縫方	三	通常衣類之縫方 裁方繕方
手工		簡易之細工		仝上
計	男二八 女三〇		男二八 女三〇	

（三）及手工之各欄爲朱書

（二）修業年限三年限之教科課程表

（小學校施行規則第四號表）

學年／教科目	第一學年 每週教授時間	第一學年	第二學年 每週教授時間	第二學年	第三學年 每週教授時間	第三學年
修身	二	道德之要旨	二	仝上	二	仝上
國語	一〇	日常須知之文字及普通之讀方書方綴方	一〇	仝上	九	仝上
算術	四	加減乘除　度量衡貨幣及時計之算　簡易之小數（珠算加減乘除）	四	小數　分數　簡易之比例（珠算加減乘除）	四	分數　比例　百分數（珠算加減乘除）
日本歷史	三	日本歷史之大要	三	續前學年	三	仝上
地理		日本地理之大要		續前學年		外國地理之大要
理科	二	植物動物礦物及自然之現象	二	仝上	二	通常之物理化學上之現象　元素及化合物　簡易器械之構造作用　人身生理衛生之大要
圖畫	男二 女一	簡單之形體	男二 女一	仝上	男二 女一	諸般之形體

教科目	每週教授時數	第一學年	每週教授時數	第二學年	每週教授時數	第三學年
唱歌	二	單音唱歌	二	仝上	二	仝上
體操	三	普通體操 遊戲 男 兵式體操	三	仝上	三	仝上
裁縫	三	運鍼法 通常衣類之縫方	三	通常衣類之縫方 裁方繕方	四	仝上
手工		簡易之細工		仝上	三	仝上
農業					三	農事 水產 農事之大要 水產之大要
商業					三	商業之大要
計	男 二八 女 三〇		男 二八 女 三〇		男 三〇 女 三〇	

手工於第一學年第二學年每週可以二時課之

在第一學年第二學年手工之欄爲朱書

(三)修業年限四年限之教科課程表

(小學校施行規則第四號表)

學年 / 教科目	每週教授時數	第一學年	每週教授時數	第二學年	每週教授時數	第三學年	每週教授時數	第四學年
修身	二	道德之要旨	二	仝上	二	仝上	二	仝上

國語	算術	日本歷史	地理	理科	圖畫
〇一	四	三		二	男二 女一
日常須知之文字及普通之讀方書方綴方	加減乘除 度量衡貨幣及時之計算簡易之小數（珠算加減）	日本歷史之大要	日本地理之大要	植物 動物 礦物及自然物之現象	簡單之形體
一〇	四	三		二	男二 女一
仝上	小數 分數 簡易之比例（珠算加減乘除）	續前學年	續前學年	仝上	仝上
九	四	三		二	男二 女一
仝上	分數 比例 百分算（珠算加減乘除）	仝上	外國地理之大要	通常物理化學上之現象 元素及化合物 簡易器械構造作用 人身生理衛生之大要	諸般之形體
九	四	三		二	男二 女一
仝上	比例 百分算（求積日記簿珠算加減乘除）	日本歷史之補習	日本地理及外國地理之補習	通常物理化學上之現象 元素及化合物 簡易器械之構造作用 對於動植物礦物之互相及人生之關係 人身生理衛生之大要	諸般之形體（簡易之幾何畫法）

	第一學年		第二學年		第三學年		第四學年	
唱歌	二	單音唱歌	二	仝上	二	仝上	二	仝上
體操	三	普通體操 遊戲 男 兵式體操	三	仝上	三	仝上	三	仝上
裁縫	三	運鍼法 通常衣類之縫方	三	通常衣類之縫方裁方繕方	三	仝上	四	仝上
英語		讀方書方綴方話方		仝上		仝上		仝上
手工		簡易之細工		仝上	三	仝上	三	仝上
農業					三	農事之大要 水產之大要 農事 水產	三	仝上
商業					三	商業之大要	三	仝上
計	男二八 女三〇		男二八 女三〇		男三六 女三八		男三六 女三九	

手工於第一學年第二學年每週可以二時課之

在第一學年第二學年手工之欄爲朱書

依右教科種類區分之如左三種。

實質　形式　技能

一實質的教科

歷史·地理·理科·農業·商業·

二形式的教科

修身·國語·算術·英語·

三技能的教科

圖畫·唱歌·體操·裁縫·手工·

實質的教科以明瞭確實傳達知識爲主眼形式的教科以陶冶心力爲主眼技能的教科以練習身體爲主眼然就其所主可分之在實際則難區別。

材料之排列

第三材料之排列　於時間上配合教授材料定其順序者曰教案教案有四如左。

教案四種

一課定表　配合各學年教授材料於全體教材配合形式作一

教材排列

覽表以表示之。

二教授細目　於各教科教授材料。分數小期。如學期以月分或一週皆可進一層精密配合。

三日課表時間表　配合各教科於一週中。教授時數。以表示各教科之排列。

四教授案　於各時間中。定教材提出順序之方法。

教材排列如左、

一應身心發達程度。漸次進易於難。

二求教材之統一。便於排列。

三各教科於各學年。當並行排列。

四對於各學年教材之配合。當折衷直進法與循環法。

教材排列。自初學年至最終學年。有同一事不復習者。有復習進於精

直進法及循環法

深者之二種。前曰直進法（指不復習者）後曰循環法（指復習者）僅依前者少新舊知識之融洽。僅依後者則易倦厭。雖教科性質作用不同。於大體上論之。二者宜折衷焉。

第四教授之段階　分段教授作用者。即明其進行教授段階之謂也。其示例如左。

豫備

一豫備　豫備者、使兒童心意得新奇觀念。保其適當狀態之謂。即提示所授課業之目的。起其期待心。又喚起關係新教材既知之觀念。以整頓之并誘發其對於新教材推測心。以高其期待之念。

提示

二提示　提示者、提出新奇材料之謂。提出新奇材料者。依實物·圖畫·模形·或實例等。直接觸兒童之感覺。復以講話·讀書問答問接之。以使洞悉其理。

總括

三總括　提出傳達事項。不就個個知識。抽出新概念。則新授觀念。不能連絡既成之概念。即知識不能十分活動。故抽出新概念。與既成之概念相連絡。此作用謂之總括。

應用

四應用　收得一層確實知識。復融洽既得之知識。總括已有之概念。期於適用。復爲種種練習。此作用謂之應用。

教授之段階。從踐心自然之順序而分者也。教授者、固宜從此順序。然依教授材料與兒童程度。省略段階。或改形式。期合時機者亦不少。若膠守一見。不顧合否。令一一踐之。則大誤也。

教授之形式

第五教授之形式　教授形式。即教授生徒。外形上體裁也。其形式有二如左。

一提示的形式　教授提示。兒童受之。此形式又分三種。

示例式

甲示例式　示行動以使仿傚者也。例如體操・唱歌・書法・圖畫・

示物式

示言式

發問式

課題式

多用此形式。

乙示物式　用實物·圖畫·或模型·等主於視覺俾收知識者也。

例如理科·地理·多用此形式。

丙示言式　言語爲提示者也如講語·背讀·默寫·屬之。

二開發的形式　指導兒童發見其本身之知識者也此形式更分二種。

甲發問式　依發問以活動兒童。

乙課題式　與問題以活動兒童。

教授形式雖即教材性質與兒童程度而異其趣然僅用單一形式不得其當故小學校多用開發的形式而提示的形式亦屢屢適用。

第四章　訓練

第一訓練之種類　訓練自性質分之有二一積極的訓練一消極的

訓練之種類
積極的訓練
消極的訓練

訓練積極的訓練者。指導進善之作用也。如示例・勸奬・賞與、等屬之。消極的訓練者。反對陷惡之作用也、如禁止・戒諭・課罰等屬之。此二種訓練。相助而行。否則不能成完全品性。訓練依方便形狀又分二種。一依言語行者。如命令許否勸戒稱讚是、一依行爲行者。如示例・看護・賞罰是。

訓練之方針

第二 訓練之方針　訓練效果。關於教師之爲人。教師非完全人物。訓練法雖巧見效亦難。故訓練欲收效果。則教師先修其身以爲兒童模範。訓練要點。實在於此。非他有方法也。實行之際。試擧其方針於左。

(一)訓練宜寛嚴得中。訓練過寛則放恣。過嚴則卑怯。故訓練方針。不流寛不失嚴。譬如日照地上光熱雖無間斷。然有時雨降風生雲起雷鳴以調天候。

(二)訓練手段。宜運用適當。訓練手段。如命令・勸戒・示例・看護・賞罰。

其中各有利害。用之宜如其量。勿越程度。賞罰非偶然事。不可擲於一時感情。訓練之時。虛心平氣。玩索目的效果確實。然後行之。譬如調藥。其分量調和不得其當。雖良藥適足益病。

(三)訓練可適兒童發達與性質。訓練法。應心身發達程度與性質。自不得不異其手段。幼年時兒童思想。未十分發達。其行為多依感覺的刺激而支配之。故訓練法貴觸兒童感覺。以輔翼其行為。迨思想發達。訓練漸變。又貴多觸兒童思想感情。以汲引之。譬如賞與。始以菓品果食。滿足其感覺的快樂。後用徽章書籍。滿足其精神的快樂。訓練又當依天禀男女及個性之不同。而斟酌於盡善。故同一手段。對於甲有效。對於乙則無效。訓練與教授異也。訓練多行於個人。而兒童個性需顧之餘地不少。則教師宜常觀察兒童性情。力行適宜訓練之法。

家庭學校不可不一致

第六篇　結論

第一章　家庭敎育與學校敎育

家庭敎育。與學校敎育梗概。前既述之矣。然二者方針不一致。則不僅減敎育効力。甚至有害兒童發達。蓋家庭敎育主養育與訓練。學校敎育主敎授訓練與養育。主眼不同。敎育目的。固無岐異也。

敎育統一。學校對於家庭之事例如左。

一 敎授當詳知兒童家庭事情　敎授者、當自詣生徒家庭訪問。若有間暇。多交接兒童之父母。

二 生徒父母當使知學校情形　敎授者、以方便時機集生徒之父母於學校。使知學校情形。或作通知簿。使知兒童所學。

三 敎授當酌量家庭事情　如課以宿題。或命以他事。當關涉兒童在家庭之行動。然勿過度。

家庭對於學校之事例如左。

一時至學校面謁教授或參觀以知兒童所學之程度、

二常於學校方針一致以指導兒童

三學校所爲設不滿已意兒童前不可直非之

四不可使有缺席（缺席者誤課也）或遲刻等事

五監督課業自修實行教授命令以助學校事業

父母教育其子。雖有種種原因試舉其主要者如左。

第二章　家庭教育與國家

一對於其子因自然愛情切望幸福隨覺教育其子爲必要之事。

二子生活與已生活有密接關係子幸福之發達即爲一已幸福與一家幸福計教育其子固不容緩。

由此觀之家庭要求爲個人也家庭教育一家私事也雖然國家積個人

教育非一家私事

團結而成者國民身體強健智德高尚國家亦因之富強則爲國民者強健其身體砥礪其智德不可僅自期爲國家有用人物亦當教育子女共爲國家有用人物是個人對於國家有重任家庭教育對於國家有緊要機關也夫豈一家私事哉

女子教育學終

七六

附錄

保赤須知

附錄保赤須知

序言

僕課餘披讀津田元德君所著幼兒心理學一書是書義理精密誠爲保赤之要訣其中詳論養育及胎敎諸法實足補前編之缺因檢其至要者裁譯數章以備參考特非全豹故不從原名謹誌

目次

附錄

保赤須知

第一章　兒童心理學之價值

巴哈氏曰敎授之材料。謂爲兒童者何歟。因題目而決定之。實敎育之最要部也。敎材敎法者。亦不可不依此題目決定之。此即爲兒童心理學也。然於今世小學校敎育諸法。能依此心理考察確定與否。則誠不啻有汗顏者。試舉一例。則於現時小學校內。各敎科目。無不以同一時間敎授之。如其休息時間。亦於午前及午後。或於正午及早晨。雖無何等道理。然此等果爲研究兒童之疲勞上所決定乎。亦只漠然基於大人之標準。而蹈襲制定乎。依近來所研究兒童疲勞之問題。則豫想甚多也。如敎科疲勞最甚者。一數學。二體操。皆反大人之豫想。細思之則實可寒心也。然則吾人必研究之。

第一章　兒童心理學之價値

教育的價値

第一　研究兒童之心理。於此不可不施革新之教育法。

第二　救濟人生之最大危期。論述於附錄使人類完全生活之幸福。亦不可不俟此學之發達也。

學術的價値

第三　研究心理學倫理學社會學哲學等之各科學。亦不可不基於此學也。

第四　其他所關於生理學。衛生學等各樣之學術者。亦不少。

富美的價値

第五　見幼兒而發親愛之情。起憐愍之心。樂使其長成。實爲人生之快樂。然此共通性質。亦此學發見之端也。

病理的價値

第六　瓦那氏知兒童之疲勞。頭痛。視覺虧欠。身體怠惰。神經衰弱。氣質偏向等。實爲心的障碍。病的現象。特於此等。殊施教育方法。此聾盲兒教育爲急要也。父母及教育者。不可不爲心意上之醫師。爲心意之醫師。更不可不研究此學。由此觀之。

則兒童心理學之價值。豈淺鮮哉。

附錄人生之最大危期

第一危期

人生之危期。不一而足。或病魔之侵害。或河川之澎溢。殞其生命。蕩其財產者。一歲一月之中。不遑枚舉。雖然。此皆偶然而不可豫期者。不得稱為心理上生理上人生必然之危期。又或某歲為厄年。某方有禍害。禱之避之者。固不乏其事。然亦非常遇也。此更不得稱為心理上生理上人生必然之危期。然則人生必然最大之危期果何屬歟。徵之於心理學生理學諸科。其最著者為精神上之危期也。

如此則自破瓜期。至人類完成之時。即二十四歲男子二十三歲女子當此時也彼之血氣旺盛。想像妄誕。性理未得伸其力。感性激烈。為善、為惡、為賢、為愚、優劣之所分。禍福之所基。實視此時期之精神如何耳。

雖然、通觀人生。則此亦不過人生之一波瀾。亦不得以此爲危期中之最大者。

又或謂小兒當勝於步行能交言語之候。有所以害其身体。損其精神者。不自知也。蠢々然無知無識。此正最大之危期歟。抑又非也

眞危期

然則如馬列布朗吉氏所言。兒童以生後一箇月間。實爲人生自然之最大危期。雖因於天然。抑亦人類講解救此最大危期之方法甚少。不可謂不基於此也。

第二章　兒童心理研究法

心理者。等於物理學。或社會學。等爲經驗上實驗上之學也。特如兒童心理學。收集實驗之事實。其中有發見之秩序。研究其性質。考察其作用。自

能揭其眞理也。

故總分研究法而爲觀察實驗二法如左方之表。今將各法當注意者概言之。

- 研究法
  - 觀察法
    - 經驗的
      - 自省法
      - 他省法
        - 病的
        - 罪的
    - 歷史的
      - 比較法
        - 社會
        - 動物
  - 實驗法—科學的

（甲）　自省法

古來心理學爲哲學之一科。而研究之殆全依於自省法。然而無論何人。觀察自己之心意狀態。非容易之事。況於幼時之心意狀態歟。然自駱庫氏唱導經驗學派以來。亦不僅據於自省法而已。如彼革提氏及蕭吉三奪氏等之幼時回想錄。在此研究上大可參照。無論何人。照合於幼時自省之事實。亦可得稗益也。又其最主要之部。在于他省法。

（乙）　他省法

就中最爲主者。雖在於衆兒童之觀察。然於此觀察亦多誤謬。而有論兒童研究之困難者。述於下、

（一）兒童者其感覺分量表出者不多。

（二）其思慮多發表於言語。

（三）或謂全無思想。無意義。而亦有發言之事。

（四）日其發達甚速。至昨日無意者。本日則有意。

（五）其表出之變化無極。

（六）本能的運動。亦忽變爲執意運動。

（七）各人實驗結果有不同。而或呈昨是今非之意見。

（八）兒童鈍于科學的研究精神。

到底兒童可否能觀察研究。試由一方觀之。

（一）由外部之作用研究。而知內心之作用不難也。此不獨兒童之心理而已。即成人之心理亦無異也。

（二）兒童之思想感情等。不若大人之虛飾。實無邪氣。無隱蔽。

（三）特慈母並學校教師等。日接多數之小兒。可研究机會甚多也。

其要只合多數小兒及種々階級。由各種兒童蒐集材料。與成人心理學比較推究之。其發見眞理尤易也。

（丙）　比較法

是不僅自己幼時及觀察他兒童而已。猶須比較於動物。照合於社會。推究於病兒罪人等。尤可發見有益之事項。

病的心理　（一）有々特殊疾病。而爲過度發達者。或不爲適當發達者。

(二)及無特殊疾病而爲過度發達者。或不爲適當發達者。(三)或有欠損其感覺機關者。(四)或彼所稱爲神童者。

罪的心理 罪人者。亦基於人格之變換。然一完全貴族。猶爲竊盜類者甚多。今日心理學者。至於以罪人心理之變狀。可彷彿於幼兒心理之作用者不少。

社會心理 社會之心理爲完全。所關係於兒童心理者亦不少也。凡所謂人種者。自一結合。有形上原來及無形上各有特性特質爲之結合之葢。在心理學之外。不能說明也。欲論明社會進化等事。此兒童心理尤當參照。

動物心理 諸動物發達狀態。及幼兒發達相比較。亦頗能有所得。例如有一犬附隨于主人。而中途及主人相失。當追其主人之跡。又遭遇三叉之道。則見犬忽嗅甲乙二道。丙道則不嗅之。而遂走去。以此觀之。則判定此犬有推理之能與否。亦頗困難也。

（丁）歷史的觀察法

其他（一）關於古今東西諸國兒童教育法之變遷。（二）布拉拖氏科伊吉利安氏駱庫氏夫列彼爾氏等兒童教育諸大家之意見。（三）關於兒童之肖像繪畫彫刻之變化。（四）古來關於兒童之詠歌頌詩等之記錄。（五）傳記日記諸古書。又不可不爲之參考也。

（戊）科學的研究法

觀察法者觀察者非爲活動之位置而受他動者也。恰如天文文學者之觀察月星。不能移動。而只就其表面觀之而已。實驗法者。當其時必要作之事實。或遏止將作之事實。而便宜研究。又或以人已造成之事實。而研究其性質。

以上列擧諸法。從他心理學有密接之關係。爲諸學科之補助者。若不比較考察。則决非完全兒童心理研究也。宜注意者如左。

（一）依於研究界限。孔丕列氏謂研究幼兒者。不可過六七歲。蓋七歲以下。其神情可述也。

（二）調查時日之發達。由於如何事情形式。兒童者可於呈笑顏能言語步行時研究之。蓋因其事情有同一之關係也。

（三）爲兒童者。不可使其知被研究。

（四）男女兩性。不可不區別階級境遇。或國之差違宗教之異同等事。

（五）一語片言。不可不注意而爲應用之比較。

（六）古人記錄等。有誇大人性之感。

（七）最要者兒童不視弄玩物。此不損其人格也。

附錄　呵爾邦斯氏研究法

第一在家庭及學校蒐集自然視察之材料。

第二蒐集兒童之書畫等。而調查其結果。可知兒童思想之事。
第三有教育成年之學生。更使追懷其幼時而記其事。
第四親友間往來之書簡。蒐集而爲兒童記載之事。
第五調查各人之自習蒐集之事。
第六美學者、研究美術家如何發達兒童之事。
第七直接兒童。爲實驗視察之事。
第八兒童之日誌。則爲研究發達史之事。
第九提出種種之問題。因其答比較推究之。

第三章　胎兒心身之發達

推究兒胎兒之心身發達者。頗爲困難。終久不能知其完全也。如蒲拉伊也爾所謂者。使出生後經五分時之兒童。向于明光實驗其眼球之運動。又如當生兒僅由母體出其頭部時。而入手指于其口中。驗哺乳本能的作用之事。此爲視察生兒生活之最始。則雖多爲漠然。而可得推究胎內時之光景也。

學者謂母之腦髓。及胎兒之腦髓。有一種連絡。由於如何方法。受母腦髓之影响胎兒。以爲心意生活也。其證在于懷妊娠之終期。胎兒之動者。即爲此也。

馬列布朗吉氏云。胎兒者居于子宮內。本無有心意作用者。蓋母及子有想像特殊之傾向。若甚有相似者。因此二者之腦相連通。

胎兒恰有睡眠之狀態。不感於光音味等事。其一定居于胎內。亦無感於異臭之事明矣。但或依于母胎接觸之事。存多少之觸覺。恰如吾人在于夢中。有同一光景。因此感溫度之變化。應氣候之變化。而兒動之者明也。則徵諸實驗。兒之動。得氣候中和。若母體營養滿足。精神快活之際。可知其尤多强力也。

第四章　胎敎之効力

此胎敎之効力。可得如何判定。世人或稱胎敎之無効。然從來六歲以上之兒童。入於學校。如使其學文字文章。亦不能見判然明晰之効果。雖然其爲主者。關于胎兒之身體。且其影响關於心育。是豈無多少胎敎之効力哉。

如夫拉利葛氏謂心意萌芽者。自母之腦傳於胎兒之腦所爲者。母有如何思想感情。可得使胎內之子。頗能肖之。如音樂爲最能通於胎兒者。俊秀音樂家。奏樂於懷妊中。且爲唱歌使以聽聞。

第五章　血族之重姻

此一事大有關於人生。雖在民法。旣明禁從兄弟妹姊之結婚。猶恐其有不知者。因調取盲啞學校生徒之失官原因。以爲專要。蓋世之盲啞。大半由於重姻至生此不幸兒也。至於胎敎亦旣力。有不及。則甚可恐者。近親族之結婚也。

附錄失官原因者。在東京盲啞學校。調取於明治三十三年三月末日。爲盲啞生失官原因。占其大部分爲生來之失官者。至于生後失官原因之最大者。爲腦膜炎。外耳炎。化膿性結膜炎等。皆基于近親族之結婚。是誠可恐之事也。

第六章　兩親之不謹愼幷不正當之結婚

特占盲生大部分之原因者。如遺傳黴毒。化膿性結膜炎等。實爲其兩親不謹愼之結果。誠可恥之至。對於其子亦可謂無理而也。況乎占啞生大部分之原因者。急性腦膜炎。外耳炎。打腦等。雖亦有血族之重姻熱病等其他之原因。然其主要在兩親大酒。或誤於情慾。

如妻妾同棲。嫡庶相爭者。如何能得身體完全。精神完全之幼兒。蒲爾他庫曰。純良男女之關係。決不生不正當之子。若有生不正當之子者。則一生涯之恥辱莫去。遂爲卑屈也。鄙陋也。終不得養其高尚之精神。

附錄失官原因　日本東京盲啞學校調査

依於明治三十三年來。現在生徒二百二十五人中。盲生五十八人。撿失官之原因。生來者僅爲一人。由於遺傳梅毒。(所謂胎毒)及神經衰微者最多。各胎十人。即各當於百分之十七。二四。又依年齡撿之。於初年失明者最多。即爲十二人。當於百分之二〇•六九。

啞生有百六十七人。生來者最多。而有五十八人。當於百分之三十四•七三。其次腦病二十六人。小兒急癇(俗所謂驚風)二十四人。合計爲五十人。當於百分之二九•三四。

又盲生及啞生比較。如前之盲生及啞生失原官原因不同。盲生殆無生來者。而啞生最多。生來者盲生失官者多爲胎毒。而啞生最多驚風。又依於年齡。盲生者失明至于十八歲之間。啞生殆無九歲以上者。惟六歲一人。十歲一人而已。雖然、盲生啞生皆於初年者最多。啞生生來之中。爲從兄弟或再從兄弟結婚生產者。殆二分之一而有餘。而由他之原因失官之中。亦爲從兄弟再從兄弟結婚生產者最多。然盲生僅有二名而已。

依於以上之事實。有幼兒保育之任者。不可不注意想像盲啞之原因以避之。夫是一人也。不僅一人之不幸。而關于家之不幸。國之元氣極大也。

第七章　兩親之飲酒並感情

人當受胎之時。而爲銘釘或有嫉妬憤怒等不平之感情。則決不能得心身兩全如玉之兒童。不但不可得而已。所稱瘋癲白痴者。皆無非由此而生也。依於美國馬沙求賽拖州之報告調查白痴者三百名之家族之中。至百四十五名爲强酒家之子云。

爾他庫氏曰爲人親者。不可多飲酒。帶酒氣則生兒放蕩或爲遊冶兒也。
大吾載尼斯氏曾向愚人曰汝父飲酒故生子也愚。爲人親者豈可不誡。

第八章　愛胎後血液之變化

血液變化之中。如兩親情慾熾時之乳汁。頗爲危險者也。彼之急性腦膜炎。腦膜炎。外耳乳等。流產、血產、或爲幼兒死亡之最大原因者。或爲生盲啞之最大原因者。或爲瘋癲白痴之最大原因者。大概無不基於此也。蓋無論何等原因。於母體發熱則生血液之變化。因汚乳汁。遂至呈最大之危險。尤不可不注意。

生後之兒童。因腦膜炎等死亡。或爲殘疾者之大原因。皆此汚乳之作用也。是無論何等事情。確不可用母體發熱後之乳汁。即選擇乳母。亦須因其血族。其體格等爲唯一之標準。更不可不知其情慾。縱一時驗其乳汁爲純正。亦難保其以後何如。則與其因母體及乳母遭遇危難。猶不若牛乳之爲愈也。

第九章　母體之顚躓

尙有胎敎中最須注意者。關於身心過度之使用。或因其履物居處不注意爲顚倒之事。此小學稱古者婦人姙子。寢不側。坐不邊。立不蹕。不食邪味。割不正不食。席不正不坐。目不視邪色。耳不聽淫風。夜則令瞽誦詩道正事。如此則生子形容端正。才過人矣。又因此蹉跌生打腦或使胎兒變其位置。止其血液之流通。然亦如前屢々所述。來母體血液之變化。及變動胎兒之身心。危險頗大也。

附錄姙娠中之注意

(一)馬車決不可乘。
(二)不用高履物。用平底者。而無顚倒之事。
(三)不可挾違於體力之重量物。亦不可以肩負物。

（四）施於入浴等可使身體各部清潔。
（五）腹部宜暖。（可用寬柔帶護腹部全部若用所稱腰帶之細帶切不可縮緊）。
（六）宜徐徐飲食可呼吸新鮮之空氣。
（七）平素之攝生。務使不生疾病。如此可省服藥。
（八）常爲適當之運動。
（九）務須爲爽快精神之事。
（十）或覺有產氣之時。決不可使至普通便所。
（十一）生產時以耐忍及謹愼爲主且諸事宜靜肅。

光緒甲辰年五月初一日出版
光緒甲辰年五月初二日發行

實價四角
洋裝加碼一角五錢

版權所有

著作者　日本女子高等師範學校教授　槇山榮次
　　　　琅琊　陳錫璋
校閱者　古郯　胡光第
　　　　濰陽　于樂洵
編譯者　昌平　陳憲鎔
印刷者　野口安治　東京市小石川區指ヶ谷町百三十三番地
印刷所　翔鸞社　東京市牛込區神樂町一丁目二番地

總發行所　山東官書局

敘例

歐洲未盛之前列國相爭一日不少安一事不暇顧而惟以講究教育爲急務何哉識以國者積民而成國與民相恃並存者也然徒有軀殼而無才德有民亦如無民也是以藉教育發達其智仁勇三達德即泰西所謂智德體是已一國之民苟智德體三者皆完全充足盡人有天下興亡匹夫有責之心盡人有愛國利民自志獨立之氣則欲亡其國滅其族非盡殺其民不可此歐洲諸國所以治化日隆可與天地共長久而絕無危亡之虞也歐勢東漸而後吾國受創至再至三有識之士誰不痛心雖然徒憂無益也中國之有今日自問無事讓人所弱者民氣耳試以中國之民與歐美之民較一優一劣一望可決民氣如是即政事軍備等盡如歐美亦何濟哉民爲邦本本固邦寗民智民德民力既不足觀而徒咎他事之無成吾誠不得其解也用是課餘休日每至書肆檢尋教育之書偶得天眼鈴木力所著之丈夫之本領一書中有一篇題曰自化學泰西教育家言甚多側重自育以爲吾人學問當求諸己與鄙意不謀而一揆爰亟譯之繼又得中野禮四郎所著之東西洋教育史中有紀歐洲各國教育現情一章凡學校種類課程卒業期等無不備載遂又譯之與前所譯者訂

二

爲一册名曰教育新論教育新史合刻讀者慕歐學之昌明知自化之有術或亦慨然思奮乎

壬寅七月初旬譯者識於日本東京清華學校

教育新論教育新史合刻目次

總論

第一章　教育之本旨及目的　智德體之關係　希臘之心身教育　體育之流行　德國有名之體操家　體育之切要　健康秘訣　武士之家風　早起

第二章　勞心之業勞力之務宜時相交換　蝦痕其克之訓誡　教育宜求實際　近世學者之迂濶　有名大家皆習機械事業　勉勵爲成事之本　却大雷唐之常言　倪天之遺志　爲學宜深研精究　多學多岐之弊壓服精神之害

第三章　自育與自任之關係　自任與忍耐　虛學浮習之無効　萬事之成功非速而倖　學校父母之教育足爲自育之資本　自生勉勵與自育有密切之關係　其司段議以之言　曾國藩之家訓

第四章　考究輸入之智識　古人之學風　現今教授法之繁冗複雜　學者宜戒讀無益之書　訖欲子克悔多讀之謬　爲學非專恃讀書　英傑之士皆不讀書不識字　學者當盡其義務

第五章　教育爲成人之本　己克自治之美德　克己自治原於自尊　自尊爲處世之要道　教育普及　勞動職工皆受教育之福　牧者之苦學及其格言　剛健之士至死好學　天才亦由人成　學校規律不宜過嚴致挫少年剛銳之氣　幼時愚鈍反成大器

目次

總論

第一章　德國教育情形

第二章　法國教育情形

一

第三章　英國教育情形

第四章　美俄意各國教育情形

教育新論

日本 天眼鈴木力 原著
金匱 張肇熊惕盦 參譯

總論

現今之世界非開闢以來所未有者乎群雄並峙互相競爭凡政治武備商業工藝等皆推其窮而究其極日新月異靡所底止雖然致此之由莫不藉教育之力故當今之世無教育之國斷斷然不能長存久留矣十數文明之國知教育之不可緩是以設國民全體之學布强民就學之制郡府州縣市鎮村落莫不公設學校人生七八歲時定爲學齡無貴賤無貧富無男女悉使入學不惟如是而已即聾啞盲跛之流亦咸受教育之福學校之數與國民之數相比例學校之費歲需千數百萬嗚呼現今之世界視爲教育之世界亦何不可之有

教育者教國民處世立身之要道授以不可不知之學問不可不能之才具使其矯矯獨立能競存於優勝劣敗之塲而已吾人苟欲發明新學理創闢新思想期得凌駕凡衆之學識才具則恐非教育之勢力所能及故泰西教育家咸以發達自育爲汲汲有志者誠宜取法

而爲之好勝之心人所同具毋讓白人專美於前也

世界文明進步無窮弱肉强食方興未艾立國於大地之上舍教育其誰恃哉猶人生於天地間藉衣與食也人無衣食則飢寒立迫國無教育恐滅亡之禍亦不終朝矣吾願上自政府下至國民交相激勵以振興教育而奠國脉於磐石之安想亦人人所同深渴望者也

當今之世教育誠汲汲不容緩矣雖然教育亦誠不易言要之當求實際而不可務虛飾隨時改良務期完備不然亦難收其効也予望有教育之責者時致意焉尤望國民咸發憤好學以補教育之不逮焉

第一章

教育之本旨及目的　智德體之關係　希臘之心身教育　體育之流行　德國有名之體操家　體育之切要　健康秘訣　武士之家風　早起

昔者有人叩一名僧而問之曰吾人之心究有何用名僧對曰河伯求水河伯求水盖名僧之意水爲河伯所固有乃置之不用而反求於人愚之至也吾人以心推究事理能鑽精闢微無所不明乃不盡其能反問其用於人亦愚之至也河伯之喻其旨深矣夫人之於教育亦何異佛者之於心也苟不以已之天賦之能發起自然之德性則雖進宏大學校受良師益友之教儼如蛙面上之覆水雖講盡善之學讀至精之書亦如馬耳邊之東風烏能得其

益哉。吾人之學問智識得之父母、教師、朋友、書籍及所見所聞者。外來之教育也。舍外來教育外。又有自化之教育。自化教育者。啓方寸之靈。盡天賦之能。發起不能學習而出於自然之德性者也。

教育之目的。在組成完全之人。完全之人者何。即智德體三者皆完全而無缺乏是也。智德體三者。固爲成人之要。而實亦相輔並行。故教育之方針。必三者並重而後可。若專求身體發育。其弊必慓悍而無禮。若專求智識發育。其弊必躁急而多欲。

古者希臘之教育。頗身心並重。以爲可强其身體。全其德性。此實教育之最高目的也。近世著述家嘗曰。吾人觀希臘之風。一則驚其技藝之隆盛。及事業之進步。一則觀其人民之果敢奮發。不能不感歎其身體之雄偉。精神之充足也。究其所以致此者。即身心之學並行不悖之故耳。彼知此理而實行之。是以身體活潑而敏捷。强壯而雄武。且涵養銳敏、勤勉、忍耐、勇敢等之性。而此諸性。於道德學問上。亦有密邇之關係。不可視其爲迂濶而無用也。約而言之。希臘之教育。誠心身一致者矣。

希臘扣那齊嫣曰。有一運動場。男子盡集於此。思派亂大女子亦如之。皆裸體。演競走、放搶、轉環、鬪拳等技。以習練身心。有國戲祭（運動會之名）者。欲以運動技藝。博全國人民之名譽。遠近靈集。演奇術殊技。旁人觀之。無不歎服。惡利皮挨之國戲祭爲最著名。

歐洲十八世紀之末。德國苦仔馬玆始設體操塲。教授體操術。漸傳播全國。卒至遍行歐洲各國。有大名之體操家。如亂獨烏衣耶烏痕。皆生其後。彼著德國體操術及德國之民性等書。苦心立說。孜孜不倦。以一腔愛國熱血。擴充體操術之傳播。德意志全國體操之盛行。皆彼之力也。千八百六年。埃奶胡之戰。普魯士軍敗。氏慷慨言國事。一夜鬢髮盡白。後與敗軍同退於暇倍玆苦。千八百九年。復歸伯林。悲憤國家之屈服。念念不置。日夕苦思補救之策。又於伯林附近哈烏皮哈袋。設體操塲。教育生徒。後思雪國辱之志益堅。嘗擊杜自勵曰。聽國家喪亡而不補救。於心何忍。竭吾畢生之力。以激我人民之愛國心。并教授體操術。使其身體强壯。精神充足。懲儆萎靡。而鼓舞元氣。則振興、之日。可企足而待。一日。叱諸生曰。汝等見培亂邁痕、羅乎代之興、豈我國人民不克如是耶。萬事盡力爲之。必有成功之日。何用絕望。觀彼六角河上。旭日之曈曈。我國國家振興、之瑞。非此而何。汝等前途責任重大。今當勵志勤學。不可一日少懈。勉旃勉旃。晚年述平生之志曰。予幼時受良師之激勵。始有愛國心。少年時爲熱心男子。日以國事爲懷。壯年時爲狂簡之流。頗思以身殉國難。及成人則或演說或著述。以開民智爲己任。或從軍禦敵。備嘗苦楚。今則私淑我國忠臣夏克路。以痛戒崇外自卑及侮蔑道德。吾畢生所志之變遷。如是而已。雖然德國政府不思改革內政。解脫外患。此等憂國志士。反誣爲小人。以叛逆者目之。或禁錮。或放流。所設之體操場。亦盡封鎖。政府之意。以爲彼等亂言忘行。謀爲不軌。必如是方能定人心而息後患。嗚呼。以熱心與國之士。禁錮之。放流之。而永甘受人壓制。天下之愚。孰有過於是乎。吾儕講述苦仔馬玆。觀其思救宗國之志。勃勃不可遏。實堪敬。爇馨香而禱祝之。誰曰不宜。彼之體操術。宜目爲教育少年之最要之科。彼格言曰。活潑、忍耐、勤勉、勇敢。此四語今之講學家。無不服膺而書諸紳者也。今德國有名之體操家。不下數百萬。全國學堂。皆以體操定爲專課。且如古時希臘人設國戲祭。復加之詩歌射的。舉國盛行。成爲風尚。然推其根原。非苦仔馬玆爲之倡。能如是乎。

歐洲各國之教育。凡注意健康者。皆以練習身體爲基礎。蓋身體爲神魂之寓。運動之器。若此器脆弱而不適於用。則雖有神魂。必無所施其技。雖有大才。亦不能盡其用。儼與木偶等矣。然則健康身體之術。舍體操外。又奚事乎。研究此術。不獨筋骨日增强壯。亦足發勇敢、忍耐、謙遜、愛國等之性。但僅研究體操術。恐亦不能達此目的。又必研究衞生法兩者相輔並行而後可。茲將衞生法之重要者列數條於左。

一每日作事宜有節制

二夜眠朝起宜有常度

三心身運動宜有規律

四制止嗜慾甯靜性情

具四肢五官者均是人也。雖然。吾人祖先求學讀書之事。爲何如耶。其修養勤儉。又何如耶。坐不用蓐。食不二味。黎明即起。習擊劍、射箭等技。終成有學大儒。即就職公務。亦於餘閑習乘馬、射箭等技。入夜則於朦朧燈燭之下。繙覽古書。或集子弟於圍爐之傍。演講忠孝節義武家勇士之逸事。飲食有節。睡起有常。動作不草率。坐立不偏倚。衣服禁奢靡。居室尙質樸。其最愼者在女色。瀆褻婦女。如犯神聖。是以婚姻最重。擇女子必探其統系。察其性情。復經鄭重之媒紹介者。始行聘定。且一生唯一妻。招妾姦淫之事。絕焉不聞。即有之。必遭殺身放流之刑。衆人亦不以人類目之。

我國古時武士之風。實貞實質素如是也。其體格之毅然强壯。儼如松柏超乎居凡木之上。凛乎持後凋之氣。吾儕追思及之。能不感歎而究其所致耶。

今時勢大變。豈猶昔日簡素之世界乎。文明日進。凡百事物日趨繁雜。生計程度。亦從此進步。吾人心身之事業。亦必因之而益增。勢必返古人渾樸無慾之境而後可營生處身之道。亦必效法祖先之美風而後可。若違背古傳法制。任心忘行。（如男女年幼時之手淫其害最甚）必弱其身體。消其精神。甚至迷而不悟。至元氣喪耗過甚。卒不免於死。可不戒哉。然則欲範圍此身心而行之無弊害者。莫如習體操、游泳、擊劍、射箭等技。不獨能永保健康。且冥冥之中養其節義廉恥之心亦不鮮。今之少年。往往年齡尚幼。已生老大氣象。殆因飲酒過度。縱慾無節。遂致喪其健康耳。追思古時男兒之眞面目。能不浩歎今日之風耶。

語曰朝氣銳。夜氣懦。早起實爲爽快精神之要着也。古來大儒皆早起者也。德國名醫夫海拉痕獨著長命術一書。自傳曰。予最重睡起次序。予於歪邁亂始習醫業時。即定此次序行至於今不少差。夏日五時起。冬日六時起。嘗精思熟考立說著書。因朝時精神清爽而充固。和平而靜止。尤少俗事擾亂。（此時尚無病人診察）作此等事最爲適宜。是故夏日五時至八時。冬日六時至八時朝間之結果。即予留名百世傳朽之不之盛業（即著述）也。自九時至晚七八時。則爲實際事務。（即診察病人等）夜間又爲家族團聚之樂事。

第二章

勞心之業勞力之務宜時相交換　蝦痕其克之訓誡　教育宜求實際　近世學者之迂濶　有名大家皆習機械事業　勉勵爲成事之本　却大壽唐之常言　兒天之逝志　爲學宜深研精究　多學多岐之弊　壓服精神之害

吾人身体之健康。心思之靈明。愈發達愈善而達此目的。務必全其天賦之本性。欲全其天賦之本性。必身心並重而後可。是以勞心者宜於作腦力之事外作腕力之事。勞力者宜於作腕力之事外。作腦力之事。至心力耗費各平等適宜而後止。且精衰力疲之際易作他事。亦足引起非常之奇興。故勞力者於腕力疲乏之際。發揚精神翻閱書籍報紙。必生樂趣。勞心者每由精神疲乏致損壞身体。苟常履體操塲。運動身体演競走、鬪拳、打球、轉環等技。則能永保健康。且已亦時覺快愉。要之心力宜互用而不可專用。德國大儒蝦痕其克因其友精神困憊。鬱鬱不樂。乃遺書曰。足下精神疲乏。由神經不調。神經不調因勤勉過度所致。其中原委。僕所深知。僕亦至三十歲時。始脫此患。然所以脫者。亦無他。惟涵養心氣運動身体耳。今足下伊唔窻下。邁頭苦學。不運動身体。故精神疲乏。身体衰弱。心胸悒鬱。亦無怪其然。

八

足下試散步於曠野。放浪於山水。或裹糧而遠行。或持斧以伐木。果如吾言。吾知對症之藥。其效必速。尊体康强。不難預卜。幸勿河漢予言也。足下勿憂無財。以醫藥之費。爲旅行之資。較勝多矣。僕觀足下之狀。殊深憂慮。推誠相待。故敢直言。想勿罪也。僕家非富有。素尙儉樸。然毀金不惜。酷好旅行。雖隆冬嚴寒。亦莫之或阻。故身體常覺爽健。心胸未嘗不適。羅馬人有言曰。於健體中而得健心。即此之謂也。

幼年教育。宜以練習身體。强壯筋骨。爲最要。雖然。今能實行此道者。殆千人中不見其一。常見幼年學人。卒業中學後。或卒業大學後。腦中充滿歐西學術。咿唔呻吟。不遑他顧。練習身体之事。置之不問。予竊憂之。靜觀世間。往往有心思靈明。能製種種精巧品物之工人。卒反變爲愚劣之工人者。無他。專用腦力而不復他求也。蓋吾人腦力有限。若專用之而不休養。至喪耗過甚。勢必告罄。人至腦力已罄。則雖懷大志。負大才。亦等於木偶。無所施其技矣。埃亂痕獨曰。學者智識充足。著書立說。每發精理至言。雖然。或如狂癲。或如昏迷。泛泛罔定。茫無宗旨。愈學則愈倒行逆施。此誠推究病源。精確不易之言也。觀此則學者於讀書外。宜常運動身体。藉以休養腦力。且宜注意世界之事。推究已去時會之現象。及後來時會之結果。

不可時伏、案頭。手携一册。僅求詞句之優劣。記憶之高下而已也。苟如是。則不獨不能得益。且腦力易於喪耗。必有後患。且研究機械之理。亦有非常之益。蓋研究機械。見其物即能悟其理。故學者旣入學讀書外。又必時臨製造塲。探察種種機械。試驗其機關運轉之次序。即能悟其製造品物之理。旣明其理。而又可運動身体。藉以强壯筋骨。一舉兩得。何樂不爲。且習慣勞動。身體自必强壯。則於他日實行事業時。亦大有關係。由是以觀。研究機械之利益。豈淺也耶。

幼年之時。若能研究種種機械之理。後必成有名大家。柴奇尼烏在學校時。爲超衆之才。然其爲人所不可及者。即研究種種機械而不厭倦也。後製風車、電車等機關。獨出心裁。創前人之所未創。至老猶製種種精麗奇巧之玩物。贈其友以爲樂。又如齊馬瓦德少時旣明種種機械之理。又勤學懇懇。以此觀之。若彼二人少時不於此事悉心研究。則亦不能成有名大家矣。辨邪芙蘭之父。遺其子至工塲探察種種機械。芙氏至老猶稱其父之善於處置。嘗語人曰。予幼時吾父遺予至種種工塲。研究製造銅器鐵器、陶器、木器等機械。且察予於何者最有嗜好。使予專習之。引勢利導。不强人所不好。得益匪鮮。雖然。終日近於工塲。必時時細心研究。且學製種種小機械。若徒坐視而不細察。亦不克得其益也。又訖欲子克使其數子咸習機械職工。卒皆入高等學校。後氏語人曰。予使數子悉學機械職工者。去其自負驕慢之心。幷掃除學習實業爲卑鄙之念也。諸子既卒業高等學校。即旅行德意志、法蘭西、英吉利等國名勝諸工場。攷察種種機械。事畢歸國。人皆讚之。卒製成種種新創機械。爲有名大工。觀以上所述諸人。可知學習實業不爲卑鄙矣。

勉勵爲成事之本。人無勉勵之心。必流於庸懦萎靡而不思振作。烏能望其成大事創大業哉。雖然。勉勵有自生之勉勵。有外敎之勉勵。故幼年敎育。勉勵之科。亦爲重要。父母敎師苟注意敎授。漸潛伏子弟腦中。則必生向上好學之心。立創業立功之志。敎授勉勵。亦非甚難。但常使其讀賢士英傑之傳記。幷常演講歷來有名人物之逸事。子弟視之聽之。勉勵之心必油然而生。若幼時己生勉勵之心。至成人必具獨立自任之志。百折不回之氣概。雖大難當前。刄矢交集。死生決於頃刻。亦不足梢奪其志。稍挫其氣矣。人有勉勵之心。則成偉人。國民盡有勉勵之心。則成强國。嗚呼。勉勵之勢力亦大矣。雖然。勉勵既重要如是。而又人力所能爲。則幼年敎育。宜定爲專課。不可視爲緩圖也。英國大儒却大毒唐常曰。鬼神受罄香盡人而拜之祝之。吾人若思與彼相敵者。惟有勉勵耳。幼時勉勵則成學業。壯時勉勵則成事業。至事業已成。則勳名煌煌。流芳百世。與受馨香等矣。

欲成事業亦與成學問同。必具忍耐之志。而後始能望其成。譬諸練鎔鋼鐵。自生至熟。必槌打不少停。欲成事業。亦何異於是。凡作事不成與既敗而不復能成者。皆由忍耐之志之不堅也。吾人嘗作事之際。苟無忍耐之勢力輔助之。則雖天授大才。亦與在砂面建屋無異。耗盡精力。烏能成耶。故豪傑之士。皆具忍耐之志。不然則不能成事業也。德國名儒倪天嘗謂其友霞仔克莫曰。人皆以予爲天才。讚美不置。其實非也。予之薄才。一以勉勵得之。一以忍耐得之。舍此二者。無一之有。予一生七十五年間。休息時日。逾四星期者無一次。流水淙淙。不舍晝夜。予之勤勉不倦。何異於是。觀予日記。即足證明之。人以勉勵忍耐二者讚之。美之則當矣。

吾人爲學。宜深研精究。凡創闢新理。製造新器之人。何一非自深研精究中來。凡一學問。深研精究較之博覽泛閱。相去不可以道里計。蓋深研精究。能得其精微。若博覽泛閱。不過得其皮毛耳。枉耗精力。徒趨多岐。卒必致一無所專。且爲學宜深研精究固矣。但尤宜先立目的目的既立則終生固守專心勤學期達目的而後止故普通學爲人人所應學若普通學畢業後學專門學則宜專擇一科不可朝易此科暮易彼科或兼學數科蓋既擇定一科則思慮時誦讀時莫不注意於此不然必泛泛無所歸宿倪天嘗見世之學者汎濫無所專歎曰歷來有學大儒不涉多岐唯認定一科勉力勤學深研精究而已雖然今之高等學校專門學校學生皆兼習數科教師亦不之禁予所不解也又醫學藥學本分爲二科今學者往往兼習之嗚呼事關人命儼同兒戲非大謬耶其中弊害不可勝道就其甚者言之即專習一科能精究其理兼習數科勢必疏略而多謬誤予甚望學者痛戒兼習數科而認定一科專習之則於人於己兩得益也

誠哉倪天之言也東西各國學制苟依其言而改革之則不獨大學校高等學校專門學校能除其弊即中小學校亦能適當矣嘗見今之中小學校不問長幼不論老女咸習無數之課目僅求暗誦不求明理紛亂無定泛濫不專嗚呼謬矣所謂教育者不惟讀書而已亦宜擴張學生之精神活潑學生之性情今乃狹縮之壓制之如此之學校烏能栽培有用之才哉所定課目不求實際但求其多急迫匆促僅知皮毛觀此則入學者較之不入學者有何

區別之有。雖學校遍地。盡人入學。亦何益之有。

加之自朝之夕。蟄居狹暗學室。身体衰弱。自不待言。倪天嘗論適當之教育曰。教育之目的。在組成完全之人。然教育制度。止於至善。不在兼習數課。僅求記憶。而在專習一科。精究其理。並兼習運動、游泳諸術。以强壯身體。爲他日行事之本。蓋未有身体不强而能行事者也。

上述弊害。今學制兵制等不完備適宜。推其根底。皆由於斯。予望各國政府。亟改良之。

第三章

自育與自任之關係　自任與忍耐，虛學浮習之無効　萬事之成功非速而徐　學校父母之教育足爲自育之資本。自乇勉勵與自育有密切之關係。其司段霞以之言。曾國藩之家訓

凡教育有外來之教育。有自化之教育。自化教育者。不藉外物。專以發起自然之德性爲目的。故謂之自育。雖然。人能自育。又必具自任之志。而後可。若游移嬉戲。如盲如啞之輩。則畢世無自育之一日。所可望者。唯熱血潮湧之少年耳。故爲父母者。欲其子弟成有名人物。不在使其入學校。遊外國。專輸入外來之教育爲貴。而在使其子弟立自任之志。生自育之心爲貴。歷來有學大儒。皆以自育發達而成。凡發明新學理。創闢新思想。皆自自育中來。雖然。今之爲父母者。則不然。愛其子弟。儼同寶玉。不敢稍加毀損。當其作事之際。往往阻其自任之志。亦何異負浮囊以習游泳。欲助之而反溺也。訖欲子克曰。子弟遭遇艱辛。當仍固守獨

立之精神。不可爲境遇所縛。予則以爲子弟當遭遇艱辛之際。爲鍛練其自任之志之絕美機會。子弟歷此艱辛而後。初若懶惰者。今必勤勉矣。初若愛華美者。今必尙質樸矣。初若畏難苟安者。今則雖蹈火赴湯亦不避矣。夫如是則自任之志已立。而自育之心亦不期生而生矣。且當子弟幼時。令其游歷各地。初則使人陪從之。近訪鄰地親戚朋友。繼則使其孑身遠遊。則亦足生其自任之志。何則。蓋子弟至於他鄉。舉目皆異人。凡交接酬應之事。皆當注意。一無傍貸。則於此亦必生自任之志矣。

人若欠自任之志勇敢之氣。則與閨中處女並駕齊驅。若名爲大丈夫者。則斷斷然不如是也。倪天嘗曰。人有自任勇往之氣象。小則可悟處世立身之道。大則可創經天緯地之業。故世之自暴自棄虛僞驕慢之徒。固屬厭惡。但男子無自任勇往之志。亦一大瑕瑾。有此瑕瑾。於獨立之發達。大有阻礙。勢必憑藉於人。一事不可爲。故行事不成。與既敗而不能復成。雖由忍耐之志之不堅。亦由自任之志之欠乏也。常見人於困難之事。每不盡力爲之。糢糊應酬。任其自斷。推其致此之由。皆因欠乏自任忍耐之故。又有敗類之學校。謬定簡易課程。務求速成。如習英文法文等。一年即可卒業。或教授文法。不辨明名詞動詞等之區別。或無師而可自習。又如習格物化學。宜專事實驗者。而今徒聽簡單之講義。學生所知者。唯水氣與養氣化合變爲水。炭氣與養氣化合變爲炭養氣而已。餘則皆茫無所知。非荒謬絕倫耶。果如是。則學者亦焉能得益哉。然又有言曰。聊勝不學者。但如此之虛學浮習。卒必倏忽緲茫。不克施諸實用。則亦何異於不學者耶。

以上所述之弊。頗易蔓延。迄無療治之法。小者如學習皮毛之學問。大者如當行事之際。而心神萎縮。不克盡力爲之。於此而思除其弊。則以先除怠惰苟且之心。而激勵自任忍耐諸德性爲第一義。蓋欲得世間百般貨物。必以金錢易之。而吾人欲成學問。欲成事業。則必以忍耐自任易之。且萬事成功。非速而徐。故吾人不論爲何事。皆不可躁急求其速成。詩璃列曰。決疑難之問題。創奇妙之新理。自始至終。必再四揣摩。久之始決。但盡吾之力而爲之。幷以自任忍耐之勢力輔助之。則必有償始願之一日。土壤積久而成山岳。細流相湊而成河海。銖積錙累。忍耐不止。而事亦豈有不成功者乎。

淺見輕躁之輩。朝爲一事。夕望其成。每致生種種阻礙。事反不成。譬諸蒔植物之種子於其芽之始發也。日夜望其生長。欲助其生長。乃抽出之。務求其早日成熟。抑知抽出後。不惟不能速其生長。反枯凋而死矣。爲事求速成。何異於是。蓋爲一事必精思熟考。千妥萬善。而後始底於成。若草率忽略。務求速成。則不惟不能速成。必反至不成。吾望爲事者三致意焉。且凡事成功之遲速。亦無甚區別。爲一事必有一目的。惟期達目的可耳。奚必論遲速哉。如行路然。疾走者較之速走者無以異。卒必同達其目的。疾走者雖早抵遙地而登高山。然身體疲倦。精神困憊。竭蹶已極。而遲走者從容不迫。卒亦至焉。然身体精神一如昔時。即復走之亦無妨。而疾走者氣喘淹淹。非坐即臥。恐不復能擧步。觀此則兩者之得失利害。不待言而喩矣。故吾人行事之際。宜痛戒求速成。而徐收善結果。孔子曰。欲速則不達。世之淺見輕躁之輩。苟反躬自省。當亦恍然悟憬然悔矣。但有教育之責者。亦當演講警戒。養成少年溫馴不躁急之性質。則成長後當臨事決疑之際。不至倉皇失措矣。

實際教育之最高目的。即使學生自育之志發達充足也。但學校課程之教育。父母言論之教育。皆足爲自育之預備。故學校父母之教育方針。當從自育一道着點。苟實力爲之。則爲自育之資本。實非僅少。世之爲父母者。苟欲其子弟不爲庸懦之人。惟教授自育之方針可耳。且世界文明進步不止。優勝劣敗。天演愈烈。國立於大地之上。必使國民盡有自育之性質。而後始足與隣國並峙。故自育之教授。以世界公理論之。亦汲汲不容緩矣。自育一言。異日苟大倡明。則必有傑出者出手其間。銳鞭困難。窮思極慮。以研成大才智。一新舊世界者。於斯時也。教育界亦必有一番大改革矣。雖然。自育誠汲汲不容緩。若是。且當具自任之志及學校父母教授其方針矣。但自育與自生勉勵之關係。較自任及教授方針尤甚密切。人無自生勉勵之心。則雖有自任之志。父母教師多方教授。亦恐不濟。而自生勉勵者專恃己心發達。不克自外輸入。此又一難也。

古之教育家。著書立說。皆以自育爲汲汲。其司段霞以於五十年前。定德國學校之制度。其論教育之眞理。曰教育者在發達童子天賦之本性。然亦當指教童子自育之方針。自育之切要無論現今將來。凡講教育必奉爲圭臬。予可預決於今日也。氏之偉見卓識。可謂遠越千古矣。雖然。氏既抱此宗旨。而在學校中又悔已之不能實行。一日謂諸生曰。予素侮蔑汝等自任之志。壓伏汝等自育之心。不喜汝等放言高論。不喜聞汝等之奇異疑問。要而言之。害汝等自育之發達耳。凡教育之眞正目的。不在聽教師之講義。讀繁多之書籍。而以發達自育爲貴。予久有此論。然迄今未倡明而實行之。今日懇切直言。望汝等自今而後。皆以自

育二字蓄於腦中實力爲之則前途就造必無限量矣

支那髮逆大亂之際卒奏盪平之功之曾國藩亦以自育爲急務茲錄其咸豐六年九月二十九夜在江西撫州寄其子紀鴻之手諭於下紀鴻兒知悉家中之人來營者多稱爾舉止大方余乃少慰凡人多望子孫爲大官余願不爲大官但願爲讀書明理之君子勤儉自持習勞習苦可以處樂可以處約此君子也余服官二十年不敢稍染官宦之氣習飲食起居尙守寒素家風極儉凡仕宦之家自儉入奢易自奢返儉難爾年雖幼不可貪愛奢華不可慣習懶惰無論大家小家士農工商勤苦儉約未有不興者驕奢倦怠未有不敗者爾讀書寫字不可間斷早晨宜早起莫墜高祖以來相傳之家風吾父吾叔皆黎明即起爾所知也凡富貴功名自有定命半由人力半由天命惟學爲聖賢全由自己之力與天命不相干涉余亦有學聖賢之志然少時欠居敬工夫至今不免偶有戲言戲動爾宜舉止端莊不發忘言則入德之門也

上錄手諭謂修養之道全由自己之力與前列舉泰西大家之言無異可知吾人修業立身之道東西一揆彼此同旨自育之切要豈可漠視之乎

第四章

考究輸入之智識　古人之學風　現今教授法之繁冗複雜　學者宜戒讀無益之書　訖欲子克悔多讀之謬　爲學非專恃讀書　英傑之士皆不讀書不識字　學者當盡其義務

凡自教師、朋友、讀書見聞所輸入之智識。當考究其是非美惡之所在。留其是而美者。去其非而惡者。不可棼絲亂紙。不分黑白。皆混入腦中也。蓋吾人能博通事物之理。不在保持片碎智識。勉記强臆。而在認定一學科。以全力貫注之。即舉凡思慮時考察時。一一注意於此。則終必能發明新理。以改良舊時之制度。若汎濫無定。茫無宗旨。則徒勞而無功也。

今之學者。藉無數之扶植而受教育。不可不謂之佳運也。試回想古代。則堪怪異者甚多。古者無博物園、無動植物園、無圖書館。及其他種種求學之器具。書籍係寫本。數甚希。而價甚貴。其時學舍之稱爲精善者。尚不及今之村黌。如斯蠻野之時代。而古人若何磨勵智識。講究學問耶。無他。窮思極慮。專注意一科也。有一事。欲明其理。則日夕思察。不問時之遲速。期得精確不易之理而後止。故古之學者。皆各持宗旨。分爲黨派。夫現今教授法之繁冗複雜。雖曰博聞多知。然適足爲自育之妨礙。如富家子弟入美善學校。讀繁多書藉。而卒不能爲賢智之人。又如讀已去乍來無量之書。不惟不能得益。反擾亂思想。蓋朝讀此書。暮讀彼書。異論奇議。縱橫腦中。無怪其茫無定旨矣。吾人求學以益智識。增才能爲目的。而今儼如棼絲之不可理。非枉耗精力虛糜歲月耶。且又有學者不讀有益之書、而讀淫書小說及滑稽卑陋之傳記。談笑爲樂。自號風流。以一刻千金之光陰付諸落花流水。不亦惜乎。苟世之學者。如彼之流居多數。則阻礙學問之進步。實非淺鮮。吾儕同志。不得不亟講挽回之策也。要之。吾人爲學讀書。胸中宜甯靜。堅守宗旨。不可厭此喜彼。一日三變。務求博聞多知。亦不可置有益之書不讀。而讀無益之書。不觀夫水晶乎。始終甯靜。絕無變態。人之爲學。亦當如是。西國農夫之諺曰。胸中甯靜。值肥料之半。備司獨洛茲氣曰。人若不甯靜。如巨船漂泊大海暴波之中。顚動播盪。卒必有傾覆之患。學者視爲前車焉可耳。

甫拉奪能、歪退司哭獨、訖欲子克、等諸大家。因兒童讀書之多寡不得其宜。皆著書痛言其弊。以期挽救頹風。茲將訖欲子克之言。詳錄於下。氏曰。予初讀書也。無次序。不撰擇。惟盡購坊間所有之書。興高心熱而讀之。凡天文、地理、歷史、博物、宗教、哲學等。無一不購。無一不讀。夜以繼日。孜孜不倦。讀餘之書。箱盈篋累。摘錄之本。堆積如山。予深期爲一博學大儒。至千百年後。人皆頌之祝之。不圖年已衰邁。絕無發達。甚至昔所日夕皇皇。敏以求之者。亦悉歸烏有。仍復無學軀殼之原形。至是予始知前事之皆非矣。故學校課程。宜寡不宜多。要在求實際而不務虛飾。不然。卒必至腦虛心空。一無所得也。

讀書固散布教育之機械也。雖然。專恃讀書亦無益。蓋學問半藉之外。半亦當求諸己。苟時以讀書爲急務而不發起自然之智識思想。則徒飽藏古今之歷史。中外之地理。與夫法律政治等。以之爲談講之具則有餘。若施諸實用則不足也。是故英傑之士。每不讀書而不識字。如英國定憲法基礎之買苦那卡古已之姓名。尙不知至署名之時。皆書十字形以代之。德國名將培理夏海拿生平未讀畢一完全之書。而才智反駕閉門讀書足不出戶之輩而上之。豈不奇耶。無他。善於發起自然之才智也。學者觀此。當知所取法矣。且抱有絕大才智者。人每以天才諉之。其實非也。雖曰天生。亦由人成。果如是。則吾人之才智皆天賦定。奚讀書爲哉。又奚摩勵爲哉。但聽其自然可耳。荒謬絕倫。不辯而喻。予望世人勿以此爲定論而自暴棄也。

學者非徒學而不施諸用者也。非畢世呻吟即爲責任已盡者也。吾人求學即爲致用之本。或發明新學理。創闢新思想。著述書籍。以新學界。此爲求學之目的。亦即學者應有之義務也。若徒入大學校等。習一專門學問。或讀千斛萬斗之書。務求博聞多知。則於己何益。於人何利。於天下國家亦有何濟。故學者當知有爲學之義務。務求盡其義務而後止。至學者人人能盡義務。而後始克覩教育之効驗也。

第五章

教育爲成人之本　克己自治之美德　克己自治原於自尊　自尊爲處世之要道　教育普及　勞動職工皆受教育之福　牧者之苦學及其格言　剛健之士至死好學　天才亦由人成　學校規律不宜過嚴致挫少年剛銳之氣　幼時愚鈍反成大器

教育爲成人之本。故人生天地間。必受教育後。始可謂之人。不然。則無學問、無智識、無才能。與飛禽走獸有何異哉。雖然。自然之良知美德亦有爲教育之勢力所難及者。即克己自治也。而克己自治。又萌芽於自尊之中。故吾人又必能自尊而後始能克己自治。自尊爲自待對人之要道。倪天曰。人能自尊猶衣錦鏽。盡人敬之慕之矣。且自尊亦爲人羣最優之性質。有此性質。必品行端正。志氣高尚。無卑劣行爲而屈辱面目。不恣縱情慾而損壞身体。常涵養剛直、勇敢、忠義、親愛等之性。當今羣雄並峙。駐足競爭之塲。優勝劣敗。豪釐不爽。自尊誠須臾不容離之器具也。有教育之責者。亦當注意於此。養成少年不屈不撓之性質。以爲自尊之基礎。或亦進種改良之一道也。

勞動職工家甚困難。使其子弟入學讀書。至小學校卒業後。不復使入中學校等。十餘歲時。

即使其習力役事業。自此而後。終日勤動。不遑他顧。故有未盡受敎育幸福之憾。一國之中。如彼之流苟居多數。則於國家文明之進步大有阻礙。有識者嘗惻然憂之。故英國著名敎育家糾集同志。開講義會等。使勞動職工入內聽講。德國著名敎育家亦集衆開演說會等。使勞動職工入內聽講。俾稍受言論敎育之益。年盛一年。行至於今。殆成爲敎育家之義務矣。雖然當其創設之始也。遭政府之嫉忌。受反對者之嘲罵。阻礙叢生。幸當事者始終忍耐。不少灰心。故能卒奏其功。其造福於勞動職工及輔助文明之進步。實非淺尠。現今吾國敎育雖云隆盛。而此舉尚屬闕如。吾儕同志亟宜效法而創設之也。

昔者有他以快烏司。千七百九十三年。死於哈掌培亂府。初氏爲妮哭拉義敎院之牧人。後爲貧濟院之講義員。氏幼時頗熱心好學。然家甚貧困。父母使其入學不數年。即令出學。至牧塲學習畜牧事業。而氏時以讀書爲懷。每日率羣獸出外。必以書數卷入囊中。旣至牧塲。措置妥善後。即坐地而讀焉。精思熟考。且摘錄其重要者。後又有一敎院欲招爲牧人。授以厚俸。使人請之。復請其親愛之友周旋之。而氏堅辭不允。其友曰。君有高尚之志。而居微賤之位。終非久計。速遷地爲善。氏曰。今朝遊牧塲。夜宿草廬。飽食暖衣。盡力作事。餘暇讀書。藉暢性情。予願已足。無他求矣。氏又有一富友。常贈金以爲購書之資。氏以其金購書後。必自頭至尾誦讀而記憶之。且具備忘錄。當時學者。奇其爲學之苦。常往牧塲訪之。歸而告人曰。觀氏之苦學狀態。旣感且憫。氏於牧塲建一草廬。中置破碎之椅棹。棹面四圍堆積書籍。中央置筆墨器具甚簡單。其讀書時。手常持筆。遇重要者則錄之。其摘錄之本。卒遺千二百册之多。雖然。氏旣好學如是。而牧業仍不荒廢。所畜之獸類皆肥滿。且氏已困窮極矣。然又常以餘資周濟貧人。即在貧濟院中。所食餘之麵包。且隱匿之而分給病人。其常言曰。若不苦。何有樂。樂即自苦中來。氏至老罹惡險之病。當苦痛之際。讀書思考。又如常時。可謂好學之心。至死不倦矣。凡一國教育進步之遲速。全視國民好學之心之濃淡爲準。苟上等下等之人。盡有好學之心。則教育之進步自速。而萬事萬物之發達。亦隨之而速。果爾則國勢之强。亦將莫與爲京矣。

剛毅之士。好學之志。皆甚堅忍。貧困卑賤。不足妨害其學習。高齡老年。不足阻喪其志氣。倪天曰。予旣卒業學校。然絕無完全之保證。故仍勤勉讀書。至今不衰。又曰。予今才智之程度。已達完全之境。希臘叔夸賴退司曰。予固博知萬事。然今已入無知之妙境矣。以上諸言雖皆驕矜之言。但絕不虛誣。皆勤勉學習始終不懈所致也。

吾儕生於天地間。豈甘虛過一世耶。人有智識。即有希望。而欲達此希望之目的。必藉才能。雖然。人所謂天才者。非天所生。亦由人以尋常愚拙之才智鍛鍊之磨勵之而始成熟者也。常見幼年學生才智已發達。然絕無進步。至成長後反變爲愚劣之人。又如學生在學校時。常列優等。受教師讚譽。而終不爲才智充足之人。何則。毋亦短於鍛鍊磨礪之術乎。其司段霞以曰。教育最良之法。莫若當少年學業脩養已達極點之時。指導其磨勵才智之方。誠篤議定論也。有教育之責者。亦宜取法之矣。

教育者非使學生謹言愼行。專以讀書爲正務也。教育界甚廣漠。亦非一二端所可包盡。羅絕養成少年性質。改良少年行品。莫不由教育之力。雖然。使有學生在學校中性甚粗暴。授業期時不至教堂。惟自窗間望之。常疾驅森林原野以爲樂。惡劣如是。父母教師必深惡之。但具此等性質之少年。適爲可造大才之人。若萎靡不振。懦怯異常。懍懍焉時恐犯規則。失名譽。敬謹恭愼。惟教師之言是從。一無獨立自任之氣象。如斯庸常之人。殊難造就。予非好爲奇論以駭人聞。理實如是也。諺曰。沸騰愈烈。製酒愈善。歷來有名人物幼時惡劣之跡。皆指不勝屈蓋不如是不能成大才也故善用己美之特質磨勵極劣之特質亦爲教育中所重要者且學校規律不宜過嚴但授業時讀書時固當遵循規律舍此是不宜注意專以活潑身体爽快精神爲目的可耳

語曰大器晚成少壯之時愚拙頑鈍在學校時常占下位至晚年乃奏大功創大業者不遑枚舉今揭其一二於左泥遠托痕幼時在學校列最劣等常居最下之几席或日居上席者嘲弄之氏大怒自是厥後勵志勤學卒居首席英國大儒洛倍托把司少時性甚愚拙惟優於運動身体而已岸獨司迷年幼時性甚愚拙而自謂後凋之樹木以自勵卡怕拉惡托曰予幼時最劣無一事勝人學校教師亦評之曰氏入學而後迄今未見其發達卓越之性質雖然之數人者結果豐美爲何如哉以此可知人生於世造就高下不定於自然之本質而在操教育之權者鍛鍊而磨勵之但由己所構成即以自育發達而得者亦不鮮也

衰馬哀邁以斯所著自助論曰予幼時甚愚拙在學校中常占下位屢被苛虐之懲戒守嚴肅之規律且教師時以甘言誘引之懲勸並進然不少奏効如入於水中之鉛塊直自水面落至水底故諸教師皆拱手曰不可教育之愚豚也遂棄之雖然自此而後徐徐體力發達

志氣高尙。卒越同學諸友而高之。蓋天下無不可造之才。性質雖有優劣之分。造就雖有難易之別。然猶行正道之優馬。與行曲徑之劣牛。卒必同達其目的。惟稍有遲速之分而已。有志者毋自棄。亦毋自餒可耳。

家庭父母。學校教師。皆以教育輸入少年之腦中者也。則少年性質之優劣。志氣之高卑。與夫前途造就之大小。全繫於斯。故父母教師之教育。當愼擇方針。務期適宜。因時更張而改良之。且予又甚望有志者將自育發達而擴充之。徒恃外來之教育無益也。造物生才無限。英傑豈有種子。期望遠則造就大。是當反求諸己。善自調濟矣。

教育新史

日本 中野禮四郎 原著
金匱 張肇熊惕盦 參譯

總論

教育者足人智慧。完人品性。俾人能自治獨立。而無愧爲國民者也。欲得茲效。非國家自司國民之教育不可。德國知之先他國而設公立學校。授國民所當有之智識。使不愧爲國民。一千七百六十三年（乾隆二十八年）國王飛廉特利第二下令國中凡國民自五歲至十三四歲無男女。悉入小學。後四十年復設定制。凡背此法者。罪其父兄。自是而后强民就學之令。遂遍布聯邦矣。一千七百七十四年（乾隆三十九年）墺國踵之。亦布令迫民就學。一千八百八十二年（光緒八年）法國又踵之。於是瑞典、丁抹、意大利、葡萄牙、西班牙等。先後效法。努力强氏就學。而英國至一千八百七十年（同治九年）亦布此令于民間。迄今地球列强。殆無不如是者矣。左表所列。即近今所查得之小學校及小學生之確數也。嗚呼不其盛歟。

國名	小學校數	小學生數通核戶口以千分之幾計算

德意志	五八、〇〇〇	一六一
瑞士	八、一〇一	一六一
瑞典	一〇、五一六	一五九
英吉利	三一、六〇〇	一四六
法蘭西	七九、七五五	一四六
那威	六、七〇〇	一四五
荷蘭	四、〇九七	一三八
丹麥	二、九五〇	一二三
澳大利匈牙利	三二、九七八	一一一
西班牙	二九、八二八	一〇二
比利時	五、六一四	一〇〇
日本	二四、〇四六	八三
意大利	三五、七四八	七七

二

希臘	一、六〇〇	五〇
葡萄牙	五、三一六	四六
賽維阿	六六八	二七
羅馬尼阿	二、五〇五	二二
俄羅斯及芬蘭	三八、二三八	二二

自列强布强民就學之制。培植人材之費。乃至不可計數。英國歲需九千五百萬圓。法國六千萬圓。德國四千五百萬圓。即國少如比利時。亦歲需六百萬圓。教育之盛。由此可推知矣。

小學校之外。有中等教育。有高等教育。又有師範教育。一一完備。國本乃固。中等教育所以造就中等國民。而亦爲高等教育之梯階。諸種中等教育制度之完備。莫德國若。蓋中等教育各國政府雖皆管督之補助之。而英國等以爲此乃民間所當自理之事。政府督之監之。殊不甚力。故中等教育之盛。首推德法。而英美次之也。

培植教師之才者。曰師範學校。此爲國家教育制度中之要務。無異於小學校。或造就小學校教師。或造就中學校教師。各有學校。而小學教師。美國半以女子任之。英法諸國。亦次第效法焉。小學校中學校大學校而外。復特置武備、航海、鐵路、郵政、及一切工商實業之專門學校。其尤完備者英美德法諸國也。

今試就德法等文墨之邦。略述其教育情形如下。

第一章　德國教育情形

德國者歐洲文墨諸邦中傑出之一也。教育甚盛。教育制度亦大備。十九世紀之初。國爲法帝拿破侖所蹂躪。喪師失地。受辱不亞於今日之中國。國王飛廉特利威廉海馬第三大恚。思所以恢復國權。日討國人而訓之曰。德國天下莫强焉。吾民所知也。近數十年。喪土地失國權。無辱不受。寡人耻之。願與吾民一洗之。吾民烏可不智德並修。振刷精神。以期無愧爲國民而揚國威於四表乎。此雖朕一人之渴望。然羞惡之心。人所同具。吾民當亦有同心也。於是國民教育盛極一時。王之智誠不可及哉。然王之發奮。不自此始也。昔法戰爭未竟之先。已遣英俊少年留學瑞士。討究小學教育於裴帥大魯毗之門。備悉如何實行之法。又自外國特聘教育名家數輩。爲學務官及師範學校長。以改良小學教育。今日須行之制度。實基於此。嗚呼亡羊補牢。洵未爲晚。創鉅痛深之際。正絕妙改革之機。德人成功而去矣。獨飽受奇辱如德昔日或且甚焉者。爲可念耳。

教育行政事務。屬於各聯邦之中。中央政府內閣中文部大臣掌之。有專門普通二學務局。大臣會同其次官及高等教育會議員（此項議員乃由大學中學小學及師範學校等之教員中選舉者）評議教育事務管督大學及中學之攷試委員等。又有州學務局。各管其州內中等學校。縣廳學務局管理各小學校。州學務局長知州兼之。縣則別設學務專官。郡（郡字不同華義縣內所區分之域也）市町村置學務委員。又縣有地方視學官。郡有郡視學官。

師範學校。全國有二百餘所。概屬官立。各校教員有校長、總教習、各一名。教諭四名。助教諭一名。共七名。學生大抵百名左右。年在十七以上二十以下。曾卒業小學校。並在師範豫備校肄業兩年者。爲合格。三年畢業。畢業後三年內。有從事教育之責任。故其學費由官出。又於校內附設小學校。教員爲主政。指揮高才生試教之。以資練習。今試表官立師範學校之課程于左。

科目	每星期教授時刻 第一年	第二年	第三年	合計
教育學	二點鐘	二	三	七
宗教	四	四	二	一〇
國語	五	五	二	一二
歷史	二	二	二	六
算學	三	三	一	七
幾何	二	二	〇	四
物理	四	四	二	一〇
地理	二	二	一	五
圖畫	二	二	一	五
習字	二	二	〇	四
躰操	二	二	二	六
音樂	五	五	三	一三
外國語	三	三	二	八

案宗教各國不同若在中國則當用中國之修身書也〇國語者本國語學也〇物理華言格致

撤遜州則不設師範豫備校。故師範學校以六年爲卒業期。卒小學校業者即入之前三年學豫備學科。今列課程表於左。

科目	每星期教授時刻 第一年	第二年	第三年	第四年	第五年	第六年
宗教	四	四	四	四	四	三
國語	三	三	三	三	四	三
拉丁語	七	七	五	四	二	二
地理	二	二	二	二	二	二
歷史	二	二	二	二	二	二
物理	〇	〇	〇	三	二	二
博物學	二	二	三	〇	〇	〇
數學	四	四	五	四	四	三
教育學	〇	〇	〇	四	五	五
試教小學校生	〇	〇	〇	〇	四	四
音樂	五	四	四	四	〇	〇
體操	三	三	三	三	二	二
習字	二	二	二	二	一	一
圖畫	二	二	二	二	一	一

八

合計	三六	三五	三五	三七	三三	三〇

二百餘官立師範學校中。女子師範校僅二十三。其課程之大綱如左。與男子稍異。

科目	每星期教授時刻 第一年 必須	第一年 隨意	第二年 必須	第二年 隨意	第三年 必須	第三年 隨意	第四年 必須	第四年 隨意	第五年 必須	第五年 隨意
宗教	三	〇	三	〇	二	〇	二	〇	二	〇
國語	四	〇	四	〇	三	〇	三	〇	三	〇
法語	四	〇	四	三	四	〇	四	一	四	一
英語	〇	三	〇	三	〇	三	〇	四	〇	四
地理	二	〇	二	〇	二	〇	一	〇	一	〇
歷史	二	〇	二	〇	二	〇	二	〇	一	〇
博物	三	〇	三	〇	三	〇	二	〇	一	〇
幾何、算學	三	〇	三	〇	二	〇	二	〇	一	〇
教育學	〇	〇	〇	〇	四	〇	四	〇	四	〇
試教小學校生	〇	〇	〇	〇	〇	〇	四	〇	三	〇
唱歌	二	〇	二	〇	二	〇	二	〇	二	〇
音樂、操琴	〇	一	〇	一	〇	二	〇	二	〇	二

圖畫	二	〇	二	〇	二	〇	二	〇	二	〇
習字	一	〇	一	〇	一	〇	〇	〇	〇	〇
裁縫	二	〇	二	〇	二	〇	二	〇	二	〇
體操	二	〇	二	〇	二	〇	二	〇	二	〇
速記	〇	二	〇	二	〇	〇	〇	〇	〇	〇
合計	三〇	六	三〇	六	三二	五	三二	七	二八	七

案速記者以簡碼記事之法也譬之聽人演說欲錄一稿則錄者勢不能如說者之速故不得不用速記法

師範學校卒業生。其就教職之前。必應攷試。名之曰選拔教員攷試。凡欲爲小學教員者皆得應之。中式者以訓導銜就職。二年後再應試。遂爲訓導。惟音樂、躰操、手工、及圖畫等教員。則不在此例。須從各專門學校。特行選拔。

小學校教員男子之外。女子有此志願者亦日益衆。女子師範學校之設。乃爲近世一大要務。官立者雖僅二十三校。私立者甚多。其學生皆得應試而就教職。

攷選小學校教員之科目。爲算學、幾何、地理、歷史、博物、國語、外國語、教育學、教育史、管理法、授業法等。而中等學校教員。必大學校卒業生應試中式者。始爲助教諭。二年後更應試。乃爲教諭。

教員退隱或死亡者。或贍養其餘生。或撫恤其遺族。待遇盛隆。十年誨人不倦者。恩俸金視其最後所得年俸四分之一。四十年從事教育者。視其最後年俸四分之三。

小學教育之宗旨。見於威廉海馬第四時教育令第二條。大旨即謂小學校者勤懇教誨兒童。開其智識。期於政教生業有裨也。一千八百七十七年（光緒三年）復行改定。言更簡賅。曰小學教育之宗旨。在以良法教授兒童。使人人蓄道德。有裨政教。而無愧爲國民。且使人各得處世所不可無之材能。

小學校八年卒業。大別有多級學校、單級學校、二種。今錄多級學校之課程表於左。

科目	每星期教授時刻						
	第一并第二年	第三年	第四學年	第五年	第六年	第七年	第八年
宗教	三	六	四	四	五	六	六
國語	〇	二、三〇	四	三	三	三	四
讀書	一〇	五、三〇	四	三	三	二	二
習字		三、三〇	四	三	三	二	二

算學	六	六	四	四	四	四	四
歷史、地理	○	○	○	二	二	二	二
庶物課	三	二	○	○	○	○	○
博物	○	○	二	二	二	一	○
幾何	○	○	○	○	○	二	二
物理	○	○	○	○	○	二	二
圖畫	一	二	二	二	二	二	二
唱歌	○	○	二	二	二	二	二
躰操	○	○	二	二	二	二	二
合計	二三	二七、三○	二八	二八	二八	三○	三○

國民女學校課程與上同外加裁縫一科

單級國民小學校。概分三級。各級教授時刻各異。惟有二三學科。不問學級(學級猶言班次也)高下。三學級同時共習。而視下級生之學力定其程度。左表即三級之教授時刻也。

科目	每星期教授時刻		
	下級	中級	上級

宗教	四	五	五
國語	一一	一〇	八
算學	〇	〇	一
幾何	〇	一	二
實科（地理 歷史 博物）	〇	六	三
音樂	一	二	二
躰操	〇	二	二
合計	一六	二六	二三

小學校之種類。大別有單級、多級二種。既如前言。而更分之。則有單級學校、半日學校、二級學校、三級學校至八級學校等數種。今查得最近入營兵卒確數。而分別其曾受教育與否。列於左表。亦足見其小學教育之盛也。

洲名		有教育者	無教育者	統計	兵員每百人中無學者
東普魯士	陸軍	一二、六三四	一二四	一二、七五八	一、九七
	海軍	五二九	八	五三七	一、四五
西普魯士	陸軍	八、八六七	一一二	八、九七九	一、二三
	海軍	四七八	六	四八四	一、二四

巴侖台堡	陸軍	六、六六〇	一一	一六、六七一	〇七
	海軍	三二七	〇	三二六	〇〇
撥翁那崙	陸軍	八、八四六	九	八、八五五	〇一
	海軍	八三〇	三	八三三	三六
把存	陸軍	一〇、二三七	一〇二	一〇、三三九	九九
	海軍	一二六	一	一二七	七九
希來勤	陸軍	二〇、八二一	九一	二〇、九一二	四四
	海軍	二一五	〇	二一五	〇〇
撒遜	陸軍	一一、一四〇	一〇	一一、一五〇	〇九
	海軍	二六六	〇	二六六	〇一
旭雷司渾霍爾斯墩	陸軍	六、〇六八	四	六〇、七二一	〇七
	海軍	六七九	〇	六七九	〇〇
亨諾屋甫	陸軍	九、九九八	七	一〇、〇〇五	〇七
	海軍	六三一	二	六三三	三二
烏斯脫甫麟	陸軍	一二、二四一	三	一二、二四四	〇二
	海軍	四八〇	〇	四八〇	〇〇
海遜奈桼	陸軍	八、八七六	九	八、八八五	一〇
	海軍	一七七	〇	一七七	〇〇
拉因	陸軍	二三、七八二	一〇	二三、七九二	〇四
	海軍	六四七	一	六四七	一五
霍亨傳麟	陸軍	二九〇	〇	二九〇	〇〇
	海軍	四	〇	四	〇〇
總計	陸軍	四九、四六〇	四九〇	一四九、九五〇	三三
	海軍	五、三八七	二一	五、四〇八	三九

中等教育之學校。種類甚多。或為入大學之豫備。或為實業教育之基礎。或專授各種學術技藝之可以直就職業者。今類舉之如左。

文科中學校　九年畢業
准文科中學校　六年畢業
實科中學校　九年畢業
准實科中學校　六年畢業
高等實科學校　九年畢業
實科學校　六年畢業

文科中學校以下各中等學校。凡童子滿九歲曾在小學校三年者皆可入之。卒業後得不受試驗而爲一年志願兵。（德國國民皆兵既成年必受試驗而入營惟學於高等學堂者得延期且卒業後可不受試而入營）其在文科中學校肄業九年者則有入大學之資格。

左例二表即文科中學校及實業中學校課程也。

甲　文科中學校

科目	每星期教授時刻									
	第一年	第二年	第三年	第四年	第五年	第六年	第七年	第八年	第九年	計

教育新史 一五

乙 實科中學校

科目	每星期教授時刻 第一年	第二年	第三年	第四年	第五年	第六年	第七年	第八年	第九年	計
宗教	三	二	二	二	二	二	二	二	二	一九
國語	三	二	二	二	二	二	二	三	三	二一
拉丁語	九	九	九	九	九	八	八	八	八	七七
希臘語	〇	〇	〇	七	七	七	七	六	六	四〇
法語	〇	四	五	二	二	二	二	二	二	二一
歷史地理	三	三	四	三	三	三	三	三	三	二八
數學	四	四	四	三	三	四	四	四	四	三四
博物	二	二	二	二	二	〇	〇	〇	〇	一〇
物理	〇	〇	〇	〇	〇	二	二	二	二	八
習字	二	二	〇	〇	〇	〇	〇	〇	〇	四
圖畫	二	二	二	〇	〇	〇	〇	〇	〇	六
體操	二	二	二	二	二	二	二	二	二	一八
唱歌	二	二	二	二	二	二	二	二	二	一八
合計	三二	三四	三四	三四	三四	三四	三四	三四	三四	三〇四

宗教	國語	拉丁語	法語	英語	歷史地理	博物	物理	化學	數學	習字	圖畫	合計
三	三	八	○	○	三	二	○	○	五	三	二	二九
二	三	七	五	○	三	二	○	○	四	二	二	三○
二	三	七	五	○	四	二	○	○	五	○	二	三○
二	三	六	四	四	四	二	○	○	五	○	二	三二
二	三	六	四	四	四	二	○	○	五	○	二	三二
二	三	五	四	三	三	二	三	○	五	○	二	三二
二	三	五	四	三	三	○	三	二	五	○	二	三二
二	三	五	四	三	三	○	三	二	五	○	二	三二
二	三	五	四	三	三	○	三	二	五	○	二	三二
一九	二七	五四	三四	二○	三○	一二	一二	六	四四	五	一八	二八一

文科中學校純然爲入大學之豫備。准文科中學校比之則差三學年程度。皆以拉丁希臘古文學爲專學。學者頗有名士風。而史學亦重視有加。以其爲入大學之所需。且即不入亦爲中流人物所不可不知也、

實科中學校及准實科中學校則適與文科學校反。一切學科皆求實用。以近世語學、數學、

理化學爲主。其卒業生類皆適於實用。且有資格可入大學習實科。

高等實科學校及實科學校二校。古文學全置不問。專教近世語學。及一切學問之有裨實用者。其學生大都善於處世。熟知一切實業之要道。而在高等實科學校卒業者。亦可更入大學講求實業。

高等女學校與文科中學校實科中學校異。拉丁希臘語或全無。或僅習其一。而專重近世語學。今揭其課程如左。

科目	每星期教授時刻									
	第一年	第二年	第三年	第四年	第五年	第六年	第七年	第八年	第九年	計
宗教	二	三	三	二	二	二	二	二	二	二〇
國語	九	九	九	五	五	五	四	四	四	五四
法語	〇	〇	〇	五	五	五	四	四	四	二七
英語	〇	〇	〇	〇	〇	〇	四	四	四	一二
算術	三	四	四	四	四	四	二	二	二	二九
歷史	〇	〇	〇	〇	〇	二	二	二	二	八
地理	〇	〇	二	二	二	二	二	二	二	一四

博物	唱歌	習字	圖畫	體操	裁縫	合計
〇	〇	〇	〇	二	二	一八
〇	〇	〇	〇	二	二	二〇
〇	〇	〇	二	二	二	二四
〇	二	二	二	二	二	二八
二	二	二	二	二	二	三〇
二	二	〇	二	二	二	三〇
二	二	〇	二	二	二	三〇
二	二	〇	二	二	二	三〇
二	二	〇	二	二	二	三〇
一〇	一二	四	一四	一八	一八	二四〇

大學制度。各國中最完備者亦莫如德。大別爲神學、法學、醫學、哲學四科。哲學科包羅宏富。數學、博物、理財、史學、地學、文學、博言學等皆屬之。栢林大學聲望最著。文明各國歲遣學生採其所長焉。

德國教育之盛。觀右可以略知。今不厭其詳。更以最近所查得之學校細數。列爲一表如左。

（甲）小學校類

小學校　五萬八千校｛學生七百九十二萬人　教員十二萬人

（乙）中學校類

文科中學校　四百二十四校

准文科中學校　八十六校

實科中學校　一百三十校

准實科中學校　一百〇九校

高等實科學校　三十三校

實科學校　一百七十一校

高等市民學校　二校

（丙）實業學校類

工業大學　九校

中等農業學校　三十一校

鑛山學校　十五校

建築學校　十五校

森林學校　九校

美術技藝學校　二十三校

音樂學校　七校

(丁)大學類

大學　二十一校　學生二萬三千二百二十一人　教師二千五百二十六人

右諸學校。指不勝屈。自教育未盛之國。視之已駭走無疑。不知猶不止此也。又有所謂補習學校者。小學卒業生肄業其間。自三年至五年不等。所學以讀書習字算術三者爲主。或在夜間。或於一星期中指定若干時爲授業時刻。學務委員監督之。此外又設無謝儀學校。大庇聾瞽啞跛等不具之人。或男女少年之欲習一手藝者。要之凡屬國民。無論男女貴賤。必驅之入學。俾咸沐維新之化。實文明國教育之大旨也。

第二章　法國教育情形

法國亦教育制度最完備之國。其設公立小學校布就學法令時。即一千八百十三年。道光十三年彼名人壽屬爲文部大臣時也。先是學者庫維爰視察德意志和蘭諸國教育制度。一千八百十一年（嘉慶十六年）公其報告書於世。倡議以教育改制爲當務之急。後一年法政府遣庫遜至德孜察學事。庫歸援引同志之熟知教育者改正學制。遂布教育令。嗣後一千八百五十年（道光三十年）爲共和政府時。更改學制。一千八百八十一年（光緒七年）復輯補教育令。翌年遂布强民就學之制。一千八百八十六年（光緒十二年）明定宗教與教育之關係。禁寺院干涉教育。而不許僧侶爲師。又定教育經費强半由國庫給發。越三年。又布初等教育法令。學制益臻完備焉。

教育行政事務。文部大臣理之。大臣之下。有高等教育會議員。專備諮詢評議教育事宜。議員選自大學者九名。由大統領勅任之私立學校教員四名。由各中等學校推選者三十八名。由小學校推選者二名。統計五十七名。歲集二次。又別置常川駐會之委員十五名。調查一切教育事務。文部省內則設有高等中等初等三學務局。各府縣有府縣教育會議議員共十名。四名由知事、大學區視學官、縣參事會員中互選。四名由男女兩師範學校長、公立學校教員中互選。男女各二。又二名則以文部大臣所指命之小學視學官充之。而市町村有學務委員。監督兒童就學。精審周詳。無微不至。

文部省內置視學部。共分高等教育、中等教育、初等教育三部。設官如左。各司其職。

（甲）高等教育視學部

定員八名　文科三、理科三、法科醫科各一

視察之所　分科大學、高等藥學校、文部省直轄理科文科諸學校、一體視察、又臨時視察官立公立私立諸中學校、

（乙）中等教育視學部

定員八名　文科理科各四名、

視察之所　官立公立私立諸中學校、一體視察、

（丙）初等教育視學部

定員八名

視察之所　男女師範學校高等小學校、補習科等一體視察、

右三等視學官。外有地方視察官。分全國爲十六大學區。各學區置長官一名。視學官數名。

視察區內各中小學校教育。而一大學區分爲數小學區。置小學區視察官。視察小學教育。此外又有幼稚園視察官。直隸大學區長官。視察大學區內各幼稚園教育。師範學校別尋常高等爲二。尋常師範學校。培植初等小學校教員。高等師範學校。培植尋常師範學校及一切高等小學校教員。尋常師範學校十六歲上十八歲下之學生入之。學費由官給。學成後當從事教職十年。故校內附設小學校。使之試教。以資習練。

尋常師範學校有男女二種。卒業期限各三年。今揭其課程表如左。

(甲) 男子尋常師範學校

科目	每星期教授時刻 第一年	每星期教授時刻 第二年	每星期教授時刻 第三年
國民義務	○	○	一
倫理	二	二	○
教育學及管理法	一	一	一
國語及國文	七	五	四
歷史	四	三	三

教育新史 二二三

科目	第一年	第二年	第三年
地理	一	一	一
算術及簿記	二	三	三
幾何及測量	一	二	三
物理	一	二	二
化學	一	一	一
博物	一	一	二
農學及園藝	○	一	二
外國語	二	二	二
習字	二	一	○
圖畫	四	四	四
唱歌及音樂	二	二	二
體操	三	三	三
實習農業手工	四	三	四
合計	三八	三八	三八

二四

（乙）女子尋常師範學校

科目	每星期教授時刻		
	第一年	第二年	第三年

倫理及國民義務	一	一	一
教育學及管理法	一	一	一
國語及國文	六	五	四
歷史	四	三	三
地理	一	一	一
算術及簿記	三	三	三
物理	〇	一	一
化學	〇	一	一
博物	一	二	二
家事理財及衛生	〇	一	一
外國語	二	二	二
習字	三	一	〇
圖畫	四	四	四
裁縫	三	三	三
唱歌及音樂	二	二	二
體操	二	二	二
植物採集及栽培法	二	二	二
合計	三五	三五	三三

高等師範學校亦有男女二種。各分文理二科。年在十九以上二十五以下者入之。卒業期各三年。學費由官給。卒業後亦當從事教育十年。

今揭男女兩師範學校之課程于左。

(甲) 男子文科

科目	每星期教授時刻 第一年	第二年	第三年
心理、倫理、教育	二	二	二
國語、國文	五	四	四
歷史、國民教育	三	三	三
地理	一	一	一
習字	二	一	〇
外國語	二	二	二
手工、農業	五	五	五
體操	三	三	三
唱歌、音樂	二	二	二
合計	二五	二三	二三

理科

科目	每星期教授時刻 第一年	第二年	第三年
數學	三	四	四
物理化學	二	二	三
博物衞生	一	一	一
圖畫模型	四	四	四
農學	〇	一	一
手工農業	五	五	一
體操	三	三	五
唱歌音樂	二	二	二
合計	二〇	二二	二三

(乙)女子文科

科目	每星期教授時刻 第一年	第二年	第三年
心理、倫理、教育	二	二	二

國語國文	五	四	四
歷史、國民教育	三	三	三
地理	一	一	一
習字	二	一	○
外國語	二	二	二
裁縫	三	二	二
割烹園藝	二	二	二
體操	二	二	二
唱歌音樂	二	二	二
合計	二四	二二	二○

理科

科目	每星期教授時刻		
	第一年	第二年	第三年
數學	二	二	二
物理學	○	一	一
化學	○	一	一

科目			
博物衛生	一	一	一
家事理財	〇	〇	一
圖畫	四	四	四
裁縫	三	二	二
割烹園藝	二	二	二
體操	二	二	二
唱歌音樂	二	二	二
合計	一六	一七	一八

此兩高等師範學校外。更有女子高等師範學校。培植幼稚園長及小學校長之才。年在十八以上二十五以下之女子入之。

攷選初等小學校教員。每年七月十月舉行。共試三次。試以倫理、讀書、習字、國語、國文、國史、地理、算術、博物、物理、唱歌、體操、外國語等。攷選尋常師範學校及高等小學校教員。每年舉行一次。分文理二科。文科試以文學、歷史、地理、倫理、應用心理學、外國語學等。理科試以數學、物理、化學、幾何、圖畫、倫理等。筆記口述兩者互用。

教員退隱或死亡者。贍其餘生。撫其遺族。所給之數。略與行政官同。年達五十五而曾從事

三〇

教職二十五年者。視其最後六年間之俸金給發外。若係男子。更加六百佛郎。若係女子。則加五百佛郎。

教育小兒之所亦甚多。皆不徵束修。今列表如左。

第一　幼稚園
第二　幼兒科
第三　初等小學校
第四　補習科
第五　高等小學校
第六　徒弟學校
第七　職業學校

第一幼稚園

幼稚園凡兒童滿二歲者入之。至六歲止。養育教導。以學校兼家庭。教師皆女子。兒童之數。每園不得過百五十人。所教以遊戲唱歌爲主。並教文字之最淺易者。以期暢發天機。身體精神。兩臻佳勝。

第二幼兒科

幼兒科介于幼稚園初等小學校之間。自四歲至七歲之兒童入之。初等學校之豫備科也。

第三初等小學校

初等小學校滿六歲之兒童入之。至十三歲而畢。通例分爲三科如左。

初等科　自六歲至九歲

中等科　自九歲至十一歲

高等科　自十一歲至十三歲

每日授業時午前午後各三小時。合計六小時。每星期授業祇五日。星期四星期日皆停課。

其教授科目如左。

一修身及國民義務

二讀書習字

三國語

四算術及度量衡法

五歷史地理（以本國爲主）

六庶物指教及理科大意

七圖畫唱歌及手工（女兒則學裁縫）

八體操（男兒則加兵式體操）

第四補習科

補習科所以補初等小學校之不逮。其修業期限自一年至二年不等。校中所課。即温習在初等小學校所學者。

第五高等小學校

高等小學校初等小學校之卒業生入之。修業年限在三年以上。不得半途輟學。惟有不得已之事者可減縮爲二年。每日授業六小時。每星期授業五日。課程如左。

一應用算術

二代數及幾何

三日用計算法及簿記
四農工業及衛生上必需之物理學博物學大意
五幾何畫裝畫及模型
六日常須知之法令及經濟大意
七文學史大意
八萬國近世史
九商工用地理
十木金工(男子學之)
十一裁縫(女子學之)
十二外國語

第六徒弟學校
徒弟學校。教授年少之人。俾得就工商等實業。修業年限大抵三年以上。初等小學校卒業者入之。校分二種。職工徒弟學校。及商業徒弟學校是也。

職工徒弟學校課程表

科目	每日授業時刻		
	第一年	第二年	第三年
初等小學教科	二	二	二
手工	三	四	五
圖畫	一	一	一
工藝要訣等	一	一	一
合計	七	八	九

商業徒弟學校課程表

科目	每日授業時刻		
	第一年	第二年	第三年
初等小學校教科	一	一	一
商業	二	三	三
商業地理	一	一	一
外國語	二	一	二
圖畫	一	一	一

合計 [illegible] [illegible] 八

第七職業學校

職業學校教一切技藝職業。略如小學校所教。而側重有關職業之科目。科目約分數種。或土木。或鐵木。或鐵道、或農業、或鑛山。或山林。隨地而異。

如上所述師範學校及小學校等經費由國庫給費者。其數如左。法國之竭力於教育。可想見矣。

高等師範學校	二
尋常師範學校	百七十一
高等小學及徒弟學校	七百三十六（職業學校三　高等小學校三百二十　補習科四百三十一）
初等小學校	六萬六千七百八十四
幼稚園	三千三百九十七

按最近調查。幼稚園、初等高等小學校生免出月修者。凡四百九十六萬三千三百九十二

人此外不由國庫給費之私立小學校尚有一萬三千六百十三所私立幼稚園亦有二千四百九十二所亦云盛矣其他各種學校尚多茲不枚舉。

中等敎育之學校別爲三種曰利賽曰克來其曰女子中學校。利賽略似德國文科中學校較克來其程度稍高而女子中學校則與克來其無異是等學校以專尙古文學學者不免流於迂遠故敎授實用之學以矯之或主商業或主工業或主農業或主手工因地制宜注意近世語學古文學幾置不問。

大學分文科理科法科醫科神科五大學部部各獨立大學之外敎高等專門學問之校亦不少如高等藥學校高等醫學校高等實業學校理化學校音樂學校美術學校其最著者也。

法國敎育如上所述已見一斑今更列其學校之數于左。

甲　小學校之部

幼稚園	公立　二、六〇八 私立　二、九五三	生徒	七一三、八八七

初等小學校　公立六七、四二九
高等小學校　私立一五、六四二　生徒　五、五四八、一八〇

乙　中等學校之部

利賽	公立	一〇九	生徒	五三、〇六七
克來其	公立	二三八	生徒	三二、一六一
女子中學校	公立	六三	生徒	一〇、四一三

丙　大學之部

文科大學	一五	學生	三、〇〇〇
理科大學	一五	學生	一、八六六
新設神科大學	二	學生	八九
法科大學	一三	學生	八、二一〇
醫科大學	七	學生	六、四七〇

此外尚有男子小學校六千四百八十五所。女子小學校五百餘所、而各種專門學校。爲數

亦鉅。以小學校數與全國人口相比例每四百四十五人即有一小學校。而每六人（六人合老幼而言）中即得一小學校生。國民中目不識丁者殆百十中惟十八人而已。

第三章　英國教育情形

英人素喜保守。尊卑貴賤有條不紊。貴者雖受高等教育。齊民則有幷普通教育而不知者。至十九世紀初。普通教育尚未完備也。惟一千七百八十年（乾隆四十五年）後來復學校。（但于星期日開課之學校）所在多有。知日用淺近文字者日多。一千八百十年（嘉慶十五年）有國立協會者。以擴張普通教育爲任。且同時又有蒲利玆杞司協會。竭力于貧民教育。所設初等小學校不可勝數。一千八百十八年（嘉慶二十三年）政府遣學務官視察各地教育事宜。似亦稍盡力于教育矣。然其時教育費皆有志者所捐助。而政府未嘗給毫厘也。一千八百三十三年（道光十三年）賴陸特蒲剌馬之力。教育費始稍歸政府給發。故當時教育行政頗無足觀。教育制度亦不足稱。特本古來之習尚。各地各隨其便而教育耳。

一千八百三十四年（道光十四年）始以國帑補助教育費。一千八百三十九年（道光十九年）中央政府設教局。置視察官。補助教育費益多。一千八百七十年（同治九年）發布教育令。設學務局于各地。

凡國民自五歲至十三歲。悉入小學校。貧者免其束修。以奬勵之。一千八百七十三年（同治十二年）、及七十六年兩改教育令。嚴視學規則。強民就學。凡爲父兄者。必使其五歲上十四歲下之男女子弟受普通教育。貧者免徵束修。且日給食物二次。以期教育廣被通國。至一千八百八十七年（光緒十三年）乃全免學齡兒童之束修。于是普通教育進步倍常。私立小學校。亦有效公立學校之制。不徵束修者。

英國教育既盛之後。國中不識字者殆鮮。今計其各村鎮男女之不能自書其姓名者。用百分法列表如左。普通教育之盛。由此可推知矣。

每百人中不能書自己姓名者之數

	男子	女子
一千八百八十三年	一二、六〇	一五、〇〇
一千八百八十八年	七、八〇	九、〇〇
一千八百九十三年	五、〇〇	五、七〇

師範學校所以培植小學校正教員。有寄宿生通學生（通學生猶言走讀也）二種。其校附屬於大學。修

業年限多者不過二年。卒業後有從事教職一年之責任。

教員等級區別如左。

第一　授業生

第二　助教員

第三　准教員

第四　正教員

第五　專科女教員

第六　夜學教員

授業生受首座教員之監督。襄助教授之餘。更自修學問。年達十四以上者任之。三年或四年後應試中式。可昇任助教員、或准教員。又得爲師範學校學生。

助教員以中學卒業生或非中學卒業而學力與之同等者任之。又有自授業生中攷選者。年達十八。即爲合格。

准教員或以優等授業生升任。或以助教員調補。年達二十五以上。始爲合格。

正教員必於師範學校受試二次中式而獲憑證者始得爲之。其所試科目與師範學校所課者同。第一次攷試。凡年在十九以上之准教員曾奉職二年者皆得應之。第二次攷試則必第一次攷試中式之准教員或助教員始得應之。

專科女教員及夜學教員以十八歲上之男子女子爲之。須得視學官承認乃可。

教育行政之事務中央政府有教育局統轄全國諸學校。各地方亦分設學務局管理各地學事。而別置視學官巡察教育實情。興利革弊。匡益良多。

學校教員不勝其任而退隱者或在任病故者。贍其餘生。恤其遺族。而奉職滿七年者。亦必大加俸銀。

小學校有半日學校、夜學校、等之別。所課如左。學費悉受之政府。

教科目有必須科隨意科二種。

（一）必須科目

讀書　習字　算術　裁縫（但女生學之）　圖畫（但男生學之）

（二）隨意科目

(甲)各學級（猶言班次）隨意可學之學科

唱歌　暗誦　圖畫　地理　理科初步　歷史

(乙)學級高者隨意可學之學科

代數　幾何　重學　化學　物理　動物　植物　農業初步　拉丁語　法蘭西語

家事經濟　德意志語　簿記　速記法　航海法　調烹法　洗濯法

中等學校或由一人私立。或由各會社各教會設立。學生年齒大抵十歲至十五六歲。其所課以拉丁語、希臘語等之古文學爲主。而益之以博物、地理、歷史、理化、農業、體操、外國語等。大體與德之文科中學校相似。

大學教育自古完備。其教育主義不如德之專務培植學者。使長於學問。而在陶冶品性。磨練才具。使之處世接人。均無愧爲上流之人。其經費皆由人捐助。無論何校。存欵甚多。獲克司福特及肯孛立奇二大學聲名最著。而所課不同。一重文學。一重理學。

今揭最近所查得之英國各學校總數于左。

(一)公立小學校

英吉利及威爾斯　學校一萬九千七百零九所

生徒四百二十二萬五千八百三十四人

蘇格蘭　學校三千零五十四所

生徒五十六萬七千四百四十二人

愛爾蘭　學校八千五百零五所

生徒五十二萬五千五百四十七人

(二)師範學校　校數七十所

生徒五千九百零八人

(三)中等學校

科學校　校數二千六百零二所

生徒十八萬三千一百二十人

技藝學校　校數一千七百五十八所

生徒十三萬六千三百二十四人

實業學校　校數四所

生徒二千三百五十六人

第四章　美俄意各國教育情形

美國獨立之先。已致力于教育。如漢排脫大學。實二百五十餘年前物也。今政府設文部局。各地置視學官。以理學事。又廣設師範學校。培植教員。布强民就學之制。于南北美洲。免徵束修。兒童在五歲上十三歲下者。無不就學。其各洲憲法有曰。智識道德。所以保護人民之權利自由。人人所不可無。然智德之盛衰。一視教育之宜否。故政府官吏。當重視教育。保護學校。以進此共和國于無疆之休。又曰。農業工業技藝貿易製造。亦富國之要道。欲精其道。非課之于學校。使知仁慈博愛節儉正直之理不可。由此觀之。美政府之盡心力于教育。可想見矣。

據最近之調查。美國年達十歲以上者。都四千七百四十一萬三千五百五十九人。其中不學無文者。僅六百三十二萬四千七百零二人。即百人中不過十三人有奇無學耳。

小學校種類甚多。其名稱亦不一。各洲各異。半皆私立。而教會所設者亦甚多。

中學校亦半由人私立。名稱亦不一。通國共二千餘校。學生幾十二萬人。所課以理化學與近古語學爲最重。

高等學校及各專門學校亦甚多。所課以理科爲主者計七十四校。學生七千五百五十七人。以神學爲主者八百二十三校。學生五千二百三十四人。此外又有醫學校一百六校。學生二萬五千六百四十八人。

大學數亦甚多。其程度各州不一。愛爾及漢排脫兩大學其最著者也。美之教育如此。亦已無愧。然開國未久。謙不自信。遣派學生留學歐洲之事。歲有所聞。

俄政府置文部省。劃全國爲十四大學區。布强民就學之制。以望教育振興。凡六歲上十三歲下之兒童。必入學校。又廣設師範學校。培植小學教師。學費純由官給。卒業後有從事教職六年之責任。

據最近之調查。各大學區內之公立小學校共四百二十一校。學生三萬零六百十六人。文部省所轄之私立小學校。共二萬二千六百五十三校。學生九十三萬三千九百五十三人。

師範學校及教員練習所共五十四校學生二萬五千一百三十七人。教會附屬之小學校。一萬六千四百餘所。學生四十二萬餘人。不屬教會之私立小學校八百八十六校。學生三萬一千五百二十五人。統計其數。以比全國人口。就學兒童不過得百分之二云。

中等學校有文科學校、簡易文科學校實科學校三種。文科學校今有一百二十三所。學生三萬六千三百六十八人。簡易文科學校四十四所。學生五千四百五十八人。實科學校三十所。學生四千二百七十五人。

大學及各專門學校共三十一所。內大學僅八所。學生共六千四百零八人。教師共五百六十九人。

八大學外。高等專門學校名目甚多。即神學校、農學校、醫學校、美術學校、兵學校、商業學校、法律學校、外國語學校、等是也。

意大利教育制度亦稍完備。在德法之次。中央政府置文部省。統轄全國教育。人生六歲至九歲。爲初等教育學齡。半用强民就學之制。學校大別爲小學校、文科中學校、實科中學校、及大學四種。文科中學校及小學校。又各有高等尋常之別。尋常小學校。各鄉鎮必設之。免徵東修。觀左表可知其今日小學教育之大略矣。

	校數	生徒數
幼稚園	二、五七二	三〇二、七五四
公立正則小學校	四六、五六九	二、一九六、四七〇
公立變則小學校	三、一五三	九五、四九六
私立小學校	八、五五五	一九五、八三七
夜學來復學校	五、九四六	一九三、三六〇

文科中學校爲大學之豫備校。實業中學校爲實科高等專門學校之豫備校凡中學校高等專門學校及大學校皆用國帑。師範學校亦然。欲知以上各學校之教育情形。觀左表自知。

	校數	生徒數
師範學校	一四八	一八、六七七
文科中學	一、〇五六	七三、二三八

		四八
實科中學	四七三	四三、六三六
大　學	二一	一九、四四一

教育之盛次于意大利者。爲澳大利、匈牙利帝國。教育制度。略似德國。以六歲至十四歲爲學齡。布強民就學之制。師範學校、文科中學校、實科中學校、大學校之制度。殆皆完備。師範學校有百五十一所。文科中學校三百三十三所。實科中學校一百九所。大學八十一所。學生之多。亦可想見矣。

教育新史終

明治三十五年八月十日印刷
明治三十五年八月十五日發行

定價大洋四角

譯者兼發行者　張肇熊　日本東京小石川區表町一百零九番地
印刷者　熊田宜遜　日本東京神田區錦町三丁目廿五番地
發行所　文明編譯印書局　上海四馬路胡家宅
印刷所　熊田活版所　日本東京神田區錦町三丁目廿五番地

辨理江南商務總局兼管南洋保商事宜司道　爲

給示諭禁事據文明編譯印書局職商廉泉俞復丁寶書禀稱職等糾合同志集有鉅欵創辦編譯印書局租定上海四馬路三山會館洋房擇於六月初一日開辦所有編譯已成各書即陸續付印平價出售誠恐書賈射利易名翻印或妄爲增損改換面目貽誤士民實非淺鮮嗣後凡本局編譯印行各書均不許他人翻刻僅合詞禀求立案出示嚴禁翻印並請咨　江海關道札縣及英法會審委員一體示諭並照會英法値年領事立案等情到局據此除枇示並移行外合行出示諭禁爲此示仰書業人等須知文明印書局編譯各種書籍均係該職商等苦心經營而成爾等不得私易書名改換面目翻印漁利倘敢故違一經該職商等查知許即指名具禀本總局立即提案不貸其各凛遵毋違特示

光緒二十八年五月十七日　示